Friedrich der Große: Meine Koch- und Küchengeheimnisse

berlin historica
historica edition

Olaf Kappelt

Friedrich der Große:

Meine Koch- und Küchengeheimnisse

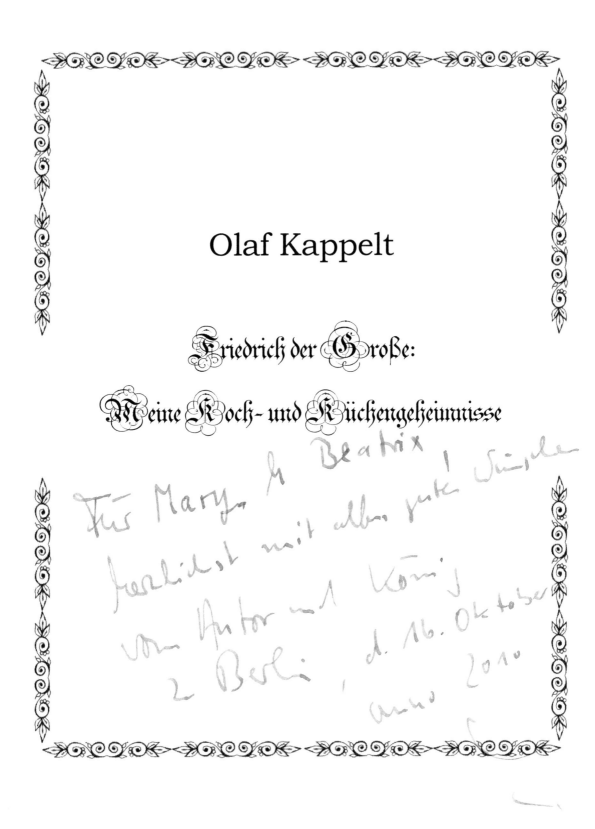

Für Marga & Beatrix
herzlichst mit allen guten Wünschen
vom Autor und König
2 Berlin, d. 16. Oktober
Anno 2010

2. Auflage, Berlin Mai 2009
1. Auflage, Berlin November 2006

Copyright: BHV Berlin historica - Verlags- und Agenturgesellschaft mbH, Berlin
info@berlin-historica.de / www.berlin-historica.de

Umschlaggestaltung: Petra Ehlers, Berlin / Christine Faust
Illustrationen: Alois Kuhn, Christine Faust
Lektorat: Anja Roth, Christine Faust
Layout: Christine Faust, Stammbach-www.multimediablende.de

ISBN 978-3-939929-13-0

Inhalt

Vorwort

Die Koch- und Küchendokumente des legendären Preußenkönigs
Friedrich wurden jahrhundertelang als Staatsgeheimnis sorgsam
gehütet, obwohl die Zubereitung von Lebensmitteln und Mahlzeiten,
wie wir sie heute in Berlin-Brandenburg kennen, noch zu seinen
Lebzeiten und unter seiner tatkräftigen Mithilfe aus der höfischen
Küchenkultur in die bürgerliche Kochkunst überging. Es gilt,
seine Koch- und Küchengeheimnisse dem offiziellen Siegel der
Verschwiegenheit zu entziehen. Allen Wirren zum Trotz haben sich
die täglichen Küchenzettel Friedrichs des Großen bis heute als
Original-Handschriften erhalten. Sie lagerten nahezu unbeachtet
in einem geheimen Staatsarchiv, nur mit besonderer Genehmigung
einsehbar, deponiert an einem abgeschiedenen unzugänglichen
Ort.

Der Küchenschreiber des Königs hat vor über 200 Jahren sorgsam seine Küchenkonsumtion festgehalten. In jahrelanger mühevoller Kleinarbeit gelang es mir als postmodernem Autor dieses Kochbuchs, die Koch- und Küchengeheimnisse des Königs zu rekonstruieren. Dabei schätzte ich mich glücklich, die Küchenhandschriften von Friedrich II. im Original zu begutachten. Diese Schriftstücke wiederzuentdecken, die einst der König selber in Händen hielt, war eine mühsame Forschungsarbeit. Als Autor des Kochbuchs habe ich versucht, mich in die Person und Zeit des Königs soweit wie möglich hineinzuversetzen, ihn in seinen Werken und mit Hilfe seiner Quellen selber sprechen zu lassen. Erzählerisch in der Ich-Form versuchte ich, mich dem König menschlich zu nähern und lasse den König autobiogaphisch sprechen. In aufwendiger Puzzlearbeit entstand so ein nicht nur lesbares Kulturdokument aus vergangener Zeit, sondern ein heute noch vielfach nützliches romanartiges Kochbuch.

Nachgeborene haben sich über den preußischen König Friedrich II. die Finger wund geschrieben. Als Friedrich der Große ging er schon zu Lebzeiten in die europäische Geschichte ein. Er selber war schriftstellerisch tätig und viel wurde wortreich über ihn in Anekdoten und Legenden geredet und berichtet. Kritisch lassen sich seine Worte, Taten und Musikkompositionen, sein Geist und Verstand gewichten. Trotz aller Modernisierungsschübe sind die von ihm komponierten Musikstücke selbst im Zeitalter von Rock und Pop durchaus noch als Ohrenschmaus genießbar. Aber dieses Buch macht es erstmals möglich, sich dem König mit allen Sinnen zu nähern, sein Leben mit dem Gaumen wahrzunehmen. Hier gilt es, auf den Geschmack des Königs zu stoßen, den Preußenkönig kulinarisch zu erfassen.

Die Rekonstruktion seiner Koch- und Küchendokumente belegt: Eine Verfeinerung der Koch- und Küchenkultur im armen Preußenland und in der Hauptstadt Berlin trat nicht erst mit der Eroberung Berlins durch den Kaiser der Franzosen oder mit der Gründung des Wilhelminischen Kaiserreiches ein. Das preußische Rokoko-Zeitalter und der friderizianische Kulturfortschritt brachten kulinarische Genüsse und Delikatessen aller Art nach Berlin. Es lohnt sich besonders im 21. Jahrhundert, abseits von Fastfood und Convenience Produkten, seinen Koch- und Küchengeheimnissen Beachtung zu verschaffen.

In Vorbereitung auf seinen 300. Geburtstag und über 220 Jahre nach seinem Tode wird hiermit zum ersten Mal zuverlässig die Hofküche Friedrichs des Großen rekonstruiert und einzigartig belegt, wie aktuell Friedrich II. von Preußen noch nach so langer Zeit zu sein vermag. Es ist ein besonderes Erlebnis: Hier wird der König erstmals nicht als ein einsamer Asket missdeutet, sondern wie er wirklich war: Ein den Freuden von Küche und Keller zugeneigter aufgeklärter Herrscher. Der Mensch Friedrich verstand die süßen Früchte des Lebens nicht nur für sich zu genießen, sondern er war als Mensch und Herrscher ausdrücklich bestrebt, sie mit seiner Umgebung zu teilen und sie seinen Untertanen näher zu bringen. Bekanntlich verdanken die Deutschen ihm noch heute weitgehend die Einführung der Kartoffeln. Viele seiner Koch- und Küchengeheimnisse sind in Vergessenheit geraten oder durch die Nachgeborenen bewusst geheim gehalten worden. Mit Lust und Liebe gilt es, sie neu zu entdecken.

Gebotener Weise sind sprachlich und auch küchenmäßig seine Koch- und Küchengeheimnisse der postmodernen Zeit etwas angepasst worden. „Wobey" ausdrücklich manche überkomme Schreibweise als ein Kulturdokument so belassen wurde, auch wenn sie nach heutigem Regelwerk für falsch erachtet werden.

Berlin, im Winter anno 2008

Dr. phil. Olaf Kappelt

1. Meine Küchenphilosophie
Küche und Aufklärung

Was hat die Küche mit der Aufklärung der preußischen Rokoko-Zeit zu tun? Vom Prinzip her betrachtet erst einmal, dass in meinem Kopf die Erkenntnisfrucht reifte, dass das Volk satt werden musste. Und als erster Diener meines Staates war es 1740 für mich als frisch gebackener König ein großes Anliegen, den Hunger zu bekämpfen und Getreiderationen an Bedürftige auszuteilen. Die letzten Regierungsmonate meines Vaters waren geradezu als Hungermonate gekennzeichnet. Die Wintermonate des Jahres 1739/40 waren „wegen seiner äußerst heftigen Kälte" folgenschwer. „Es entstand eine allgemeine Theurung des Getraides und der Lebensmittel, welche in vielen Gegenden so stark war und stieg, daß würklich Menschen aus Mangel der Nahrung starben."

Unmittelbar bei meinem Regierungsantritt berichteten Augenzeugen: „Auch in Berlin herrschte ein überaus großer Mangel", seine „Bewohner befanden sich deshalb in eine(r) traurige(n) Lage, besonders da der verstorbene König, ohne auf die herrschende Noth Rücksicht zu nehmen, die Magazine, aus denen ihnen geholfen werden konnte, nicht hatte öf(f)nen lassen." Der Lebensmittelmangel war „so erheblich", dass ich in meiner ersten Amtshandlung für Abhilfe sorgte. Ich beauftragte in einem Dekret vom 1. Juni 1740 den Chef des Artillerie-Korps, General von Linger, sich mit dem Direktorium in Verbindung zu setzen. Ich „übte die erste edle That aus", wie Chronisten nach mir priesen. Sie fügten in ihren Analen hinzu: Ich „verkaufte den bedürftigen Unterthanen nicht allein das Magazingetraide zu einem sehr mäßigen Preise, sondern befahl auch in anderen Provinzen, wo Unterstützung nöthig war, sehr große Quantitäten desselben zu vertheilen." So wie ich „ferner bis zur künftigen Aerndte (=Ernte) die Accise von dem Mehle erließ, und das Einbringen des Bauernbrods ohne Abgabe in die Städte erlaubte."

Essen und Trinken in der Aufklärung war für mich mehr nur als

Brot und Spiele, wie sie an anderen europäischen Höfen damals durchaus noch exzessiv gepflegt wurden. Als Kronprinz wie auch als König galt ich der Devise „Brot und Spiele" zwar nicht abgeneigt, aber als erster Diener meines Staates war mir das Wohl meiner Untertanen nicht gleichgültig. Ich beschränkte meine Güte eben nicht nur auf Almosen oder bestimmte festliche Anlässe, sondern war ernsthaft bemüht, das Lebensniveau der einfachen Bürger anzuheben. Es ging darum, dem Volke nachhaltig eine gesunde Ernährung zu gewährleisten. Ich selbst legte großen Wert auf frisches Obst und Gemüse. Ich zog möglichst das Obst und Gemüse in eigenen Gärten. Nachhaltig empfahl ich meinen Bürgern, es mir gleich zu tun.

Einen solchen festlichen Anlass sah Berlin am 14. Juni 1742. Drei Tage zuvor war der erste schlesische Krieg mit dem Friedensschluss von Breslau für Preußen siegreich beendet worden. Ich weilte noch nicht in Berlin. Aber die Friedensnachricht verbreitete sich schnell. Die Festlaune der Berliner wurde zusätzlich noch durch ein besonderes Ereignis befördert, wie der Chronist eindrucksvoll hervorhob: „Den 14ten Junius gab der am berlinischen Hofe sich befindende russisch kaiserliche außerordentliche Gesandte Graf von Czernichef, zur Feier der Krönung der Kaiserin Elisabeth, dem Hofe und vornehmsten Personen, ein prächtiges Fest und Erleuchtung. Solche war für das übrige Publikum feierlich, weil dabei ein mit allerlei Geflügel gespickter Ochse auf dem Molkenmarkt gebraten, dem Volke Preiß gegeben, und auch Wein, der aus dazu eingerichteten Springbrunnen quoll, ausgetheilet wurden." Bei diesem besonderen Vergnügen soll es zu „vielen Unordnungen" gekommen sein, aber „die Berliner genossen" es eben, vom russischen Gesandten ausgehalten zu werden.

Europaweit galt Preußen als „tolerante Zufluchtsstätte für Glaubensverfolgte aus vielen Regionen". Meine Devise als junger Preußenkönig lautete, „hier muß ein jeder nach seiner Facon selig werden." So durfte im toleranten friderizianischen Preußen nicht nur Jeder glauben, was er wollte, sondern auch entsprechend ausleben. Es zog in mein Königreich die unterschiedlichsten Menschen aus aller Herren Länder. Sie alle aßen entsprechend ihrer „Facon" und trugen zum Lustwandel in Preußen vielfältig bei. Sie brachten neue Küchenprodukte in die ärmliche Mark Brandenburg. Mit ihnen kamen neue Gemüsearten wie Endivien, Chicorée und Artischocken nach Potsdam und Berlin. Vermehrt landeten in preußischen Töpfen Waren aus aller Herren Länder. Handel und Wandel nahm seinen Lauf. Zuwanderer aus Frankreich, Böhmen, Polen, Russland, Italien und Spanien bereicherten und veränderten die Koch- und Speisegewohnheiten in Preußen. Unterschiedliche Kulturen bereicherten nachhaltig die Küche Preußens. Dies galt gleichsam für die jüdische Küchenkultur, die zu meinen Lebzeiten eine enorme Steigerung erfuhr. In meinen „letzten Regierungsjahren" vermehrte sich „die Zahl" der jüdischen Familien „auf 500". „Sie wohnten damals meistens in dem Berliner Viertel". Mein Urgroßvater, der große Kurfürst, hatte „fuerhero" 1671 fünfzig aus Wien vertriebene jüdische Familien aufgenommen.

Die „französischstämmigen Hugenotten" sorgten für eine „Kultivierung" der Tischsitten und trugen „zu einer sprungartigen Verfeinerung der Essgewohnheiten und Tafelfreuden" bei. Viele Berliner Leibspeisen zeugen noch heute von ihrer französischen Namenswurzel. Nicht nur die beliebte „Berliner Boulette", auch das feine „Frikassee", die würzige „Bouillon" und auch der leckere „Bonbon", sie alle deuten auf eine französische Einflussnahme in Hinblick von Küche und Keller. Ebenso geht „zweifelsfrei die Wertschätzung und Kultivierung des Spargels in den preußischen Sandböden" auf den Einfluss der französischen Hugenotten zurück. Selbst die dünne Kaffeebrühe, der Malzkaffee „Muckefuck", nahm Anlehnung an den „mocca faux" der Franzosen.

Zweifelsohne war meine 46-jährige Regierungszeit eine Hochzeit der französischen Küchenkultur in Preußen. Nicht unbedeutend war aber auch der Einfluss der Italiener auf Preußens Küche. Sie lieferten mit besonderer Sorgfalt ausgewählte und hergestellte Feinkostartikel: Würzsaucen, feinste Makkaroni, Salate, Pasteten, Aspiks, Gabelbissen von besonders zartem Fischfilet, Wurst- und Käsesorten von guter Qualität und natürlich italienischen Wein und Likör. Nach Berlin gezogene Italiener belieferten nicht allein die verwöhnte Hofgesellschaft, sondern versorgten ebenso die wohlhabenden Hauptstadtbürger mit exquisiten Delikatessen wie: Austern, Bücklingen, Sardellen, Muscheln, Parmesankäse, Kastanien, Makkaroni, Oliven, Baumöl, Trüffeln, Pistazien, Zitronen und Orangen. Der berühmteste Feinkostladen der Hauptstadt Berlin stand später dann „Unter den Linden", geführt von zwei fleißigen Italienern, von Sala und Tarone. Und aus Spanien kamen „Kaffee, Zucker, Wein, Luxusartikel und Modesachen".

Nach dem Siebenjährigen Krieg setzte ich mein innerstaatliches Aufbauwerk fort. Das Land war ausgezehrt und verarmt. Entsprechend der Tradition meiner Vorfahren warb ich Tausende von Kolonisten an, die die dünn besiedelten Landstriche Preußens bevölkerten. Sie trugen dazu bei, Brachland zu bewirtschaften und die Kochtöpfe Preußens nachhaltig wieder zu füllen.

Kartoffeln statt Trüffel

Die dauerhafte Einführung der Kartoffel in Deutschland ist meiner königlich-preußischen Weitsicht zu verdanken. Die ersten Kartoffeln wuchsen „dero" einst um 1649 im Lustgarten zu Berlin, im Kräuter- und Gemüsegarten meines Urgroßvaters, des Großen Kurfürsten. So fanden Kartoffeln Einzug in die Berliner Hofküche. Der kurfürstliche Leibarzt Johann Sigismund Elsholtz schrieb in seinem „Newen Tischbuch": „Man ißt diese Tartuffeln teils zur Lust... teils als eine nährende Speise". Mancher versprach sich von der „indianischen Zuckerwurtz" sogar „eine Stärckung" bei „ehelichen Wercken". Besonders gerne steckten die Hofdamen die hübschen Kartoffelblüten in ihre Haare. Trotz gewisser hochherrschaftlicher Bemühungen kam die Kartoffelpflanze „vorhero" nicht über den Status einer fürstlichen Zierpflanze hinaus. Selbst Kanzelpredigten änderten an der ablehnenden Haltung der Landbevölkerung nichts. Sie wurden als so genannte „Knollenprediger" belächelt. Lediglich auf ausgewählten Rittergütern wurde sie in bescheidenem Umfang angebaut, der großflächige und gewinnbringende Anbau als Feldfrucht ließ lange auf sich warten.

Zur Popularisierung der aus der neuen Welt zu uns gekommenen

Kartoffelfrucht gehörte wahrhaft persönlicher Einsatz. Den Nährwert dieser damals exotisch anmutenden Erdäpfel vermochte ich aus meiner Küstriner Festungshaftzeit zu schätzen. Auf dem Krongut in Küstrin musste ich gemäß meines Vaters Anweisung von der Pike auf das Bauernhandwerk erlernen. Dieses Wissen nahm ich mit in mein Amt als König. Nachgeborene behaupteten immer wieder, ich selber habe keine Kartoffeln gegessen. Dieses ist zweifelsohne unzutreffend. Richtig aber ist, ich habe viel mehr Kartoffeln verschenkt, als ich selber verspeisen konnte. Meinem Freund und Kammerherrn Fredersdorf gestand ich ein: „Ich versichere dier das unser Fras nicht kostbar, aber nur Delicat ist." Delikate, aber nicht kostbare Früchte zu Delikatessen werden zu lassen, darin bestand sehr wohl meine hohe aufklärerische Kunst. Aus der vielfach für ungenießbar erklärten exotischen Ackerfrucht machte ich eine Volksnahrung. Listenreich popularisierte ich die Kartoffel als eine wohlschmeckende und nützliche Speise, die außerdem noch die hungernden Mägen meiner Untertanen füllte.

Während der großen Hungersnot in Pommern ließ ich um die Jahreswende 1743/44 „kostenlos Knollen an pommersche Bauern" verteilen. Doch die pommerschen Dickschädel waren nicht zu überzeugen, sie warfen das fremdlich anmutende Zeug erst einmal ihren Hunden zum Fraß vor, worauf die pommerschen Hunde den Kartoffelfraß prompt verschmähten. Was selbst nicht einmal Hunde fressen wollten, dies konnte den Menschen ja wahrhaftig „erst recht nicht gut tun", so tönte es allenthalben mir entgegen. Mein erster Versuch einer großflächigen Einführung der Kartoffeln scheiterte, weil die Hunde sich weigerten, die Kartoffelspeise zu fressen.

Ab Frühjahr 1746 begann ich erneut regelmäßig an die Bauern Kartoffelknollen zu verteilen. Doch der von mir erstrebte Kartoffelanbau gestaltete sich weiterhin als leider nur schwer durchsetzbar. Die Bauern sagten mir immer wieder, das oberhalb der Erde wachsende „jrüne Zeuch" sei ungenießbar und nun verlangt der König, wir sollen die schmutzigen Wurzeln futtern? „Det Jelump" kannste alleine essen. Doch ich ließ nicht nach und appellierte „immer wieder an die Bevölkerung, Kartoffeln anzubauen und zu essen." Am 24. März anno 1756 befahl ich meinen Landräten: „Es ist von Uns in höchster Person in Unsern andern Provintzien die Anpflantzung der so genannten Tartoffeln, als ein sehr nützliches und so wohl für Menschen, als Vieh auf sehr vielfache Art dienliches Erdgewächse, ernstlich anbefohlen."

Nur mit nachhaltiger List und Tücke gelang es mir „den Kartoffelbau

im Großen in den preußischen Staaten" einzuführen. Nachdem alle konventionellen Einführungsmethoden mehr oder weniger gescheitert waren, da propagierte ich den Kartoffelanbau mit einem Trick. Ich machte aus dem Berliner Lustgarten, wo bekanntlich die ersten Kartoffeln der preußischen Hauptstadt wuchsen, einen Kartoffelacker und ließ ihn durch Soldaten bewachen. Den Soldaten gab ich den Auftrag: Wenn die Bauern kommen, dann müsst ihr wegschauen. Die Bauern kamen, sahen es und meinten getreu der Devise, dass verbotene Früchte besonders gut schmecken: Das müssen offensichtlich wohl doch teure Früchte sein, wenn der König sie durch Soldaten bewachen lässt. Die Bauern klauten die Kartoffeln, bauten sie selber an und damit begann endgültig der Siegeszug der Kartoffeln in Preußen und Deutschland. Nur wenige Jahre nach meinem Tode steigerte sich der Kartoffelertrag der preußischen Bauern derart, dass sie damit wahre Reichtümer erwirtschafteten. 1794 erzielte bereits eine kleine Fläche von nur zwei Morgen Kartoffelacker einen Reingewinn von 72 Reichstalern. Das war mehr, als viele Handwerkergesellen in einem Jahr verdienten. 1764 dekretierte ich „einen Anbauzwang von Kartoffeln für alle Staatsgüter". Mein schlesischer Minister Schlabrendorf hatte die Kartoffelfrucht auf meinen ausdrücklichen Befehl hin „in Schlesien stark anpflanzen lassen". In späteren Hungerjahren entwickelte sich die Kartoffel geradezu zur Lebensretterin. Nach den Leiden des Siebenjährigen Krieges gestand ich unumwunden: ohne Kartoffeln „wäre ich mit meinen Soldaten vor Hunger gestorben". Während „der großen deutschen Hungersnoth in den Jahren 1771 und 1772 wurden die Kartoffeln die Hauptnahrung der Armen". Selbst „Böhmen ward damals von Schlesien aus versorgt", wo die Kartoffelfelder einen satten Bauch garantierten. „Von dieser Zeit datirt das Allgemeinwerden der Kartoffelcultur in Deutschland." 1774 wies ich die Kurmärkische Kammer an, behördlicherseits auf den Kartoffelanbau strenger zu achten, damit der „Erdtoffelbau soviel als möglich poussiret und nicht negligiret werde".

Meine Liebeserklärung an die Kartoffel wurde damals nicht von allen Zeitgenossen geteilt. Voltaire hielt sie für „Firlefanz der Natur" und Nachgeborene, wie der Philosoph Friedrich Nietzsche behauptete gar, wer zu viele Kartoffeln esse, werde Alkoholiker. Unter den Nachgeborenen gab es aber Kenner, die meinen Einsatz für die Verbreitung der Kartoffeln zu würdigen wussten. Zu diesen gehörte die Rheinische Frohnatur Heinz Erhardt, der mir sogar die Erfindung der frittierten Kartoffelstreifen zuschrieb. Er dichtete, ich habe Bratkartoffeln als „Pommes Fritz" erfunden. Wobei die Berliner Kinder die gebackenen Kartoffelstreifen bis heute noch nach meinen Spitznamen benennen, als „Pommes Fritz".

Acht Schüsseln müssen reichen

Am Abend des Vortages, spätestens aber zur morgendlichen Stunde besprach ich mit meinem Oberküchenmeister die vorgesehene

Konsumtion des Tages. Zu meiner täglichen Hauptmahlzeit wurden gewöhnlich sechs oder höchstens acht Schüsseln aufgetragen, wie einer meiner Zeitgenossen zu berichten wusste. Der königliche preußische „Oberconsistorialrath" D. Anton Friedrich Büsching hielt es in einer Charakteristik zu meiner Person fest: „Ordentlicher Weise kamen des Mittags acht Schüsseln auf seine Tafel, und der Küchenzettel gab bey jeder den Namen des Kochs an, der sie zubereiten würde". Gemessen an anderen Höfen galt diese Speisefolge als sehr bescheiden. Ich neigte zu der Auffassung: „Wer sich nicht an acht Gerichten satt ißt, hat auch an achtzig nicht genug." So wurden neben der Suppe zwei Schüsseln kalte und warme Vorspeisen aufgetragen, dann folgten zwei Schüsseln mit Fleisch oder auch Fisch sowie zwei Schüsseln Beigerichte, anschließend gab es eine Schüssel Nachtisch, diese acht Schüsseln wurden immer so für vier Personen zur Konsumtion in die Mitte gestellt, damit jeder bequem auswählen konnte, worauf er Appetit hatte. Ein Betrachter der königlichen Hofküche schieb in der ersten Hälfte des 18. Jahrhunderts: In den Schüsseln „lieget in einer jedweden etwa ein Schinken, eine geräucherte Ganz, oder geräucherte Würste mit braunem Kohl. Auf diese folget eine große Schüssel mit frischem Lachs oder Karpffen, oder Hechte, oder See-Fische; wie ich dann einen Karpffen von 35 und Hechte von 30 bis 40 Pfund auf der Königlichen Tafel gesehen. Ferner folget eine große Pastete oder eine Tourte; dann ein Ragoût, und sonst noch ein Nebengerichte, Spargel und Gebratenes, manchmals von zwey und dreyerley Sorten, Sallate, Butter und herrliche Käse."
Meine königlichen Tafelrunden verschönerte ich mit „Citonen und Pommeranzen" und besetzte die Tische mit „Essig und Baumöl", wie auch mit Pfeffer- und Zuckerbüchsen. Blumen gehörten gleichsam zur Tafeldekoration.
Zu besonderen Anlässen konnten schon mal bis zu dreißig Schüsseln extra serviert werden, für die bereiteten Extra-Schüsseln bezahlte ich allerdings zusätzlich. Der jährliche Küchenetat belief sich auf zwölftausend Taler. Ich ließ bei meiner Tafel gleichsam Großzügigkeit, wie auch Sparsamkeit walten. Für meine Tafel und die meiner Offiziere und Dienstboten waren täglich - abgesehen

vom Wein - „dreiunddreißig Taler täglich festgesetzt".

Die Tischrevolution der Aufklärung

Als erster aufgeklärter Herrscher auf europäischem Thron war ich
ein Freund der Aufklärung. Aus dieser Überzeugung heraus brach
ich an Preußens Tafeln mit den überkommenden Tischsitten der
damaligen Hofgesellschaft. An anderen Fürstenhöfen erkannte
einjeder schon am Tafelsilber die höfische Rangordnung. Für
die verschiedenen Stände und Ränge gebrauchte die Hoftafel
unterschiedliches Geschirr, abgestuft nach Macht und verbunden
mit dem entsprechendem Renommiergehabe. Massives Gold,
vergoldetes Silber, genannt Vermeil, weißes Silber, Fayence aus
Keramik und Zinn kundeten von einer ausgeprägten Hierarchie
am Tische. Als 18-jähriger Kronprinz saß ich als Gast an der Tafel
des sächsischen Kurfürsten und Königs von Polen. August der
Starke, mein Vater und ich sowie die Angehörigen der königlich-
kurfürstlichen Familien tafelten beim Zeithainer Lager vom goldenen
Geschirr, die anderen adligen Gäste und „die Marschälle speisten
von Silber, während den Offizieren und Bedienten auf Zinn serviert
wurde".

Diese von starrer höfischer Rangordnung und Zeremonien
geprägte königliche Hoftafel fand gemäß meinen aufklärerischen
Gedanken „bey" mir keine Gegenliebe. Die alte hierarchische
Hoftafelei verbannte ich soweit wie möglich aus meinem Leben.
Adlige und Bürgerliche verkehrten gleichberechtigt miteinander.
Dieser ungezwungene Umgang war an anderen Fürstenhöfen
Europas keineswegs üblich, schon gar nicht entsprach es der
standesgemäßen Tischordnung. Meine zwanglose Tafelordnung
war geradezu revolutionär. Fast klassenlos ging es zu an meiner
Tafelrunde, einen ungekünzelten Umgang kultivierte ich, befreit
von steifer Etikette und geheucheltem Majestätsgehabe. Ohne
Ansehen des Standes versammelte ich als junger König meine
Tischgenossen. An meiner Tafelrunde galt es, wie einstmals „König
Artus und die Ritter der Tafelrunde", an runden Tischen Platz zu

nehmen. Gleichberechtigte Gesprächspartner sollten teilhaben am Mahl des Königs, „ganz zwanglos, ohne Rangordnung, ohne Oben und Unten" zu speisen. Die runde Tischordnung kennt keine Hierarchie. Die lang gestreckte viereckige Holztafel meines Vaters hatte ausgedient. Einer der intimsten Kenner und Teilnehmer an meinen friderizianischen Tafelrunden war der Italiener Girolamo Lucchesini. An seiner Schilderung wird der aufklärerische Geist, der an meinem Tische waltete, deutlich: „Es lässt sich nicht beschreiben, mit welcher Freundlichkeit und Liebenswürdigkeit die Tischgenossen des Königs behandelt werden. Jeder Zwang ist verbannt, und es herrscht nur der Unterschied des Geistes und Wissens."

Die rauen Tischsitten meines Vaters, des Soldatenkönigs, waren mir zuwider. Deftig, bisweilen sogar spartanisch ging es an der Tafel von Friedrich Wilhelm I. zu. Selber hatte er allerdings einen ausgeprägten „Hang zur Völlerei", der im Gegensatz zu dem ansonsten „puritanisch-genussfeindlichen Glaubensideal" meines gestrengen Vaters stand. Mit seiner Körperfülle von „weit über 120 Kilogramm" und einer Größe von nur etwa 1,65 Metern war der Soldatenkönig schon äußerlich ein barocker Fürst. Kulinarisch betrachtet war bei ihm das Mittelalter noch nicht vorbei. Er „aß noch ohne Besteck" und beschimpfte seine Gäste, wenn sie ihr „eigenes Besteck" auszupacken pflegten. Nie werde ich vergessen, wie unverständlich mein Vater reagierte, als ich mir für meine kronprinzliche Tafel entgegen dem Befehl meines Vaters ein Silberbesteck zulegte. Die „dreizinkige silberne" Gabel galt meinem Vater als derart suspekt und so bezog ich prompt deftig Prügel. Wegen seines Silberbestecks „ward er geschlagen", wie der Hofchronist anmerkte. Rektor Büsching, ein Zeitzeuge der damaligen Umstände, beurteilte es gerechter: „Aus dem guten Essen und Trinken machte" Friedrich II. sich „weit mehr als sein Herr Vater". So mussten verqualmte Gelage, bierselige Zechrunden und die barocke Völlerei unter meiner Ägide feineren Formen weichen. Messer und Gabel wurden hoffähig, und ich avancierte zum ausgesprochenen Förderer des Porzellangeschirrs. Ganz im Gegensatz zu meinem Herrn Papa. Der hatte „zuvorderst" mein teureres Tafelporzellan wutentbrannt zerschmettert, als er mich im zarten Knabenalter mit wüsten Beschimpfungen und brutaler Prügelei überzog.

Charakteristisch für den Einzug der Aufklärung an der Speisetafel war, das dass Mahl nicht primär der dumpfen Völlerei oder nur vordergründig der Sättigung diente. Sondern meine Devise lautete: das Mahl hat darin zu bestehen „mit dem König zu speisen und über wissenschaftliche und literarische Dinge zu plaudern." Meine Küchenhaltung gestaltete ich nicht mehr so bäuerlich oder karg, wie bei meinem Vater. Doch im Vergleich zur Verschwendungssucht an anderen Höfen im damaligen Europa war sie durchaus im guten Sinne der Aufklärung immer noch als bescheiden anzusehen. Nicht Völlerei und Prasserei, sondern der individuelle Genusswert stand im Mittelpunkt. Ich mochte „statt Erbsen mit Speck und Bier und Schnaps" feine „kostbare Menüs und Getränke". Die allabendlichen Rauch- und Saufgesellschaften meines Vaters waren mir zuwider. Die gewöhnlichen Tischrunden meines Vaters bestanden aus Tabakrauchen, Ducksteiner Bier, etwas Butterbrot und Kalbsbraten. Ich befreite das Essen und Trinken von reiner Nahrungsaufnahme. Bei mir sollten alle Sinne gefordert sein. Es wurde musiziert, philosophiert, gelesen und gedichtet. Ein „dero" gleichen gestaltetes Essen hatte für mich geradezu einen existentiellen Wert und es lieferte nachhaltige Glückszustände, mit lebensverlängernder Wirkung. Spätere Hofchronisten berichteten, ich sei deshalb der Auffassung gewesen, „daß der Mensch während dieser Zeit nicht älter werde."

Der vertraute Kreis der Auserwählten

Meine Tischgesellschaften waren keineswegs vordergründig nur dem Gaumen gewidmet. An meiner Tafel waren alle Sinne gefordert. Augen, Ohren, Geist sowie Gaumen und Geruchssinn galt es gleichfalls zu fordern. Meine Gäste hatten Teil an einer von Blumen und Früchten duftenden, von reichem Porzellangeschirr strahlenden Tafel. Als Schöngeist und Philosophenkönig brach ich mit den dumpfen Stammtischparolen meines Vaters, des Soldatenkönigs. Dieser Lustwandel, die neue Art der Tischkultur, begeisterte selbst kritische Geister, wie den französischen Philosophen Voltaire. Er durfte zeitweise funkelnder Stammgast meiner angeregten Tischgespräche sein. Voltaire war beeindruckt von mir als Preußenkönig und meinen Tafelrunden: „Am Vormittag lenkt er seinen Staat, am Nachmittag dichtet er, und am Abend ist er der glänzendste Tischgenosse!" Im November 1740 ward Voltaire erstmals in Berlin Gast meiner Tafelrunde. 1743 bereicherte er zum zweiten Male meine Tischgesellschaften. Nachdem 1749 seine verehrte Freundin, die Marquise du Châtelet verstarb, da machte sich Voltaire erneut auf, um meine Gastfreundschaft zu genießen. Am 10. Juli 1750 traf er ein. Es wurde behauptet, er sei der Edelstein im Ring meiner Tafel. Ein Augenzeuge schrieb über meinen Tafelfreund Voltaire: „Küche und Kutschen standen zu seiner Verfügung, er konnte Diners geben, wie er wollte, erhielt den Kammerherrntitel, den Orden pour le mérite und ein Gehalt von 20000 Livres. Kein Fürst oder Feldherr wurde von Friedrich je besser bewirtet. Dafür arbeitete Voltaire täglich zwei Stunden mit Friedrich; dessen Arbeiten er korrigierte, und der sich bei ihm in Stil, Rhetorik und Poetik (natürlich alles französisch) weiterbildete, während man sich abends wieder beim gemeinsamen Souper traf." Voltaire selber verglich seinen Aufenthalt an meinem Tische mit der griechischen Götterwelt von Alcine und Astolf. Über seinen Aufenthalt an meinem Tische schrieb dieser große französische Gelehrte: „Es wäre schwer gewesen, einem siegreichen König zu widerstehen, der Dichter, Musiker und Philosoph ist und mich zu lieben schien! Ich glaubte, dass ich ihn liebte. Schließlich reiste ich im Juni 1750 noch einmal nach Potsdam. Astolf wurde in Alcinens Palast nicht besser empfangen. Im Zimmer zu wohnen, das einst der Marschall von Sachsen bewohnt hatte, die Köche des Königs zu meiner Verfügung zu haben, wenn ich zu Hause essen wollte, über die Kutscher zu verfügen, wenn es mir einfiel, spazierenzufahren - das waren die geringsten Gunstbeweise, die mir zuteil wurden. Die Abendessen waren sehr unterhaltend. Ich weiß nicht, ob ich mich irre, aber mir scheint, daß viel Geist darin lag; der König hatte

Geist und bewirkte, daß man Geist hatte".

Am 19. März anno 1752 lud ich Voltaire nach monatelangem Streitigkeiten letztmalig zum Essen ein. Er nannte es ein „Damoklesessen". Zuvor hatte Voltaire den Präsidenten der „Berliner Akademie der Wissenschaften" Maupertuis beleidigt. Er versuchte ihn lächerlich zu machen, so dass ich gezwungen war, einzugreifen. Darüber hinaus gab es zwischen uns peinliche Streitigkeiten, die zu klären waren. Voltaire kam endlich zu mir nach Potsdam, nachdem ich ihn drei Monate nicht gesehen hatte. Warum er in dem Essen eine Gefahr sah, bleibt ungewiss. Nach dem Abschiedsessen zog ich mich mit ihm in mein Kabinett zurück und wir hatten eine über zwei Stunden während Aussprache. Voltaire versprach mir, zurückzukehren. Doch spürte ich, er hatte den festen Vorsatz, mich niemals wiedersehen zu wollen. Wenige Tage später, am 26. März 1752, reiste Voltaire ab. Doch trotz vieler Missstimmungen hielt unsere Freundschaft weiteren Krisen stand. Ich korrespondierte mit ihm, bis er einsam und verlassen fernab meiner Lustbarkeiten starb.

Den eigentümlichen Charakter meiner Tafelrunden beschrieb ich schon als Kronprinz eigenhändig wie folgt: „Wir haben unsere Beschäftigungen in zwei Klassen geteilt, deren erste die nützlichen und deren zweite die angenehmen umfasst. Unter die Zahl der nützlichen rechne ich das Studium der Philosophie, der Geschichte und der Sprachen; die angenehmen sind die Musik, die Aufführung von Tragödien und Komödien, die Maskeraden und die Gastmähler, die wir geben." Es ist zu merken, wie sehr ich selbst bereits „Gefallen an den Freuden der Tafel" entwickelt hatte. Zweifellos, „die Gastmähler in Rheinsberg gehörten zu den geistreichsten und heitersten, die man haben konnte."

Nachgeborene Schriftsteller ließen meine Tafelfreuden in einem mir zugedichteten Trinkspruch auf Schönheit und Jugend gipfeln. Ich soll ausgerufen haben: „Der Toast gilt heute der Jugend! Dieser süßen Torheit, um die uns die Alten beneiden und von der wir leider mit jedem Tag geheilt werden. Der Jugend und der Schönheit, die beide hier so glänzend vertreten sind, dass man meinen sollte, Frau Venus habe uns alle ihre Töchter und Gespielinnen, aber auch all ihre Liebhaber gesandt, sowohl die abgesetzten und verlassenen, als auch die, die sie erst noch zu verlassen gedenkt und die sie augenblicklich noch begünstigt und ihnen schön tut." Nach diesem Trinkspruch soll meine Tischgesellschaft fröhlich gelacht haben und alle stießen „mit den Gläsern an und aßen mit sichtlichem Behagen von diesen köstlichen Speisen, die die Meisterhand Duvals, des französischen Koches, bereitet hatte und die der Kronprinz mit pikanter Unterhaltung und dem attischen Salz seines allzeit schlagfertigen, niemals versagenden Witzes würzte. Bald strahlten alle Gesichter in Heiterkeit und Lust, bald glänzte die Freude aus allen Blicken."

Baron von Bielfeld, einer meiner Tischgenossen, schwärmte von meinen friderizianischen Tischgesellschaften: „Eine königliche Tafel, ein Götterwein, eine himmlische Musik, köstliche Spaziergänge, sowohl im Garten, als im Walde, Wasserfahrten, Zauber der Künste und Wissenschaften, angenehme Unterhaltung." Die Euphorie ist auch nach über 200 Jahren noch spürbar: „Alles vereinigt sich", wie der Baron es ausdrückte, „um das Leben zu verschönern."

„Zu dem heitern, gewählten Kreise" berief ich „theils Ausländer, theils Preußen", wie der Hofchronist anmerkte. Ergänzend stellte der Hofschreiber fest: Ich versammelte um mich „Personen aus den verschiedensten Kreisen der gebildeten Stände, Offiziere, Hofleute, Diplomaten, Gelehrte und Künstler". Mit dieser Tafelrunde stiftete ich geradezu „einen geheimen Ritterbund". Mein auserwählter Tischkreis berief einen Patron, es „war der Ritter ohne Furcht und Tadel". Ich selber führte den Bundesnamen: „Le Constand. Das silberne Kreuz mit den Buchstaben F.C.P. Fridericus Constans Princeps, das ... [ich] an einem grünseidnen Bande auf der bloßen Brust trug, wird noch auf der königlichen Kunstkammer zu Berlin aufbewahrt."

Meine königlichen Tischgesellschaften fanden schnell weit über die Grenzen des Landes hinaus Beachtung. Sie genossen international ein hohes Ansehen. Ich galt als kleiner preußischer Monarch als „ein liebenswürdiger Wirth". Bei der Tafel soll ich „das Herz auf der Zunge" getragen haben. Mich priesen die Zeitgenossen geradezu als einen eloquenten Gastgeber. Das Urteil späterer Hofchronisten besagte: „Friedrich's Tischgesellschaften sind berühmt". Meine königlichen Tafelrunden erlangten aber schon damals geradezu legendäre Weltgeltung. Aus aller Herren Länder rissen sich Gelehrte, Diplomaten, Beamte, Schriftsteller, Geistliche, Wissenschaftler und Offiziere um eine Einladung zu den illustren Tafelrunden. In der Analyse der Nachgeborenen liest es sich so: „Zu seinen liebsten Gästen gehörten theils Franzosen, theils Engländer, theils Italiener, theils Deutsche."

Nachträglich ist meine geliebte Tafelrunde in einem Gemälde von Adolf von Menzel festgehalten. Es zeigt mich in angeregtem Gespräch mit dem Philosophen Voltaire. Außerdem sind bildlich festgehalten: der Schotte Lord Georg Keith, Generalmajor Ludwig Christoph von Stille, der Weltenbummler und Philosoph Johann Baptista Marquis de Argens, Feldmarschall Jakob von Keith, der italienische Schriftsteller Francesco Graf Algarotti, Graf Friedrich Rudolf von Rothenburg und der Arzt und Schriftsteller Julien Offroy de la Mettrie. Die Menzel Darstellung hing einst im Berliner Stadtschloss. Leider gilt das Originalgemälde seit dem letzten großen Krieg als verschollen.

Baron Bielfeld, einer der Teilnehmer meiner friderizianischen Tafelrunden, sprach vom „guten Humor bei der Mittagstafel", und über mich behauptete er nach Auskunft des Hofchronisten: „Seine Heiterkeit belebte die ganze Gesellschaft". Ein anderer Beobachter berichtete über meine königlichen Tischgesellschaften, hier habe ich mich am „aufgeräumtesten und vergnügtesten" gezeigt. Denn zur Tafel habe ich alle meine „Lebhaftigkeit, Scherzhaftigkeit und Lustigkeit" mitgebracht. Ja, es wurde geradezu gelacht, und auch ein gewisser Spott und eine gute Portion Ironie war mit dabei. Ich neigte auch als König sehr „zu Spaß und Spott von Natur" aus und sei zur Tafelrunde immer gut „aufgelegt, immer munteren Gemüths" gewesen, wie der preußische „Oberconsistorialrath" D. Anton Friederich Büsching analysierte. Er war ein Weggefährte meiner Tage und schrieb denn auch aus seinen Erkenntnissen ein Buch über mich. Er nannte es den „Character Friederichs des zweyten".

Bei meinen Tischrunden wusste ich unterhaltsam und lehrreich

„Histörchen und Anecdoten von Kaisern, Königen, Fürsten und Privatpersonen" zu erzählen. Büsching sagte über meine Tischgespräche: „Er sprach von allerley Materien, als von politischen, historischen, kriegerischen und theologischen", selbst die „medicinischen Sachen" und die gewissen „unerheblichen Kleinigkeiten" des Alltags boten hinlänglichen Gesprächsstoff.

Girolamo Lucchesini, mein letzter diensttuender Kammerdiener, schilderte die Teilhabe an meiner königlichen Tafel mit den durchaus zutreffenden Worten: „In der That sind das Schloss zu Potsdam und die Gärten von Sanssouci kein Hof, sondern Tempel des Geistes, und mir scheint, ich wäre eher der Kammerherr der Philosophie, als der des Königs. Thatsächlich bestehn meine Pflichten darin, täglich mit dem König zu speisen und dann die literarischen Unterhaltungen, die inter scyphos anfangen, oft zwei bis drei Stunden lang" fortzusetzen. Es war kein Oberflächenzauber, der an meiner Tafel geboten wurde. Lucchesini bekannte: „Diese Gespräche und die, welche die täglichen Mahlzeiten begleiten, verlangen ein beständiges Studium, um ihrer nicht unwerth zu erscheinen, und meine gegenwärtige Stellung erfordert totum hominem. Zu diesen Studien gehört noch ein Anhauch der politischen Geheimnisse, welche Europa erregen". Modern ausgedrückt waren es Arbeitsessen, auf höchstem Niveau, bei denen politische, wirtschaftliche und wissenschaftliche, aber auch unterhaltende und bildende Aspekte eine wesentliche Rolle spielten. Lucchesini beschreibt dies so: „Ich wurde sofort zur engsten Tafel geladen und bin seitdem sein ständiger Tischgast. Dies ist mein einziges Amt. Nach dem Tische wird die Unterhaltung fortgesetzt, eine Stunde, auch wohl zwei oder drei Stunden lang, und sie berührt Gegenstände der Literatur, der Politik, Finanzgrundsätze und selten auch die Kriegskunst. Auf solche Weise vergehn drei, vier, auch wohl fünf Stunden des Tages mit diesem Herrn, dessen hohen Geist, dessen ausgezeichnetes Gedächtnis man bewundern muss, wie auch die fliessende Beredtsamkeit, in welche er seine Gedanken kleidet und womit er sie schmückt."

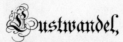Lustwandel,

oder von den erotischen Geheimnissen von Küche und Keller

Als Aphrodisiaka haben Früchte eine lange Geschichte. Besonders im Rokoko wurden sie als Boten für Lust und Liebeskraft betrachtet. Früchte dienten mir als Augenweide und Gaumenfreude gleichermaßen. Schon die äußerliche Form bestimmter Obst- und Gemüsearten können einen Lustwandel signalisieren. Den Früchten wurden zu meiner Zeit im Rokoko eine starke „erotische Symbolik beigemessen. Aber es steckt mehr dahinter als nur Symbolik. Die tiefere aphrodisierende Wirkung beruht auf einer konzentrierten Nährstoffzuführung wie Eiweiß oder Vitamine, die Kraft geben und anregen, oder auf die Harnorgane wie Niere und Blase reizen und damit auf die Sexualorgane wirken. Entspannungsförderung und Durchblutungssteigerung tragen ebenso zur Liebestärkung bei.

Als beliebt galt fruchtiges Liebeskonfekt und „Mandeln, Pistacien, und alle Speisen, so einen guten Speisesaft geben", wie der königlich-preußische „Commercien-Rath" Johann Heinrich Zedler bemerkte. Er nannte sie „Stimulantia", die „zum Beyschlaffe krafft machen". Trüffel empfanden meine Zeitgenossen, die Kinder des Rokoko, besonders wirksam. Sie sollten in bestimmten Situationen die Frauen zärtlicher und die Männer liebesversessener machen. Als aphrodisierende Nahrungsmittel wurden Spargel, Tomaten und Gurken, Trockenbeeren und Rosinen, Melonen, Kirschen, Orangen, Bananen und Pfirsiche betrachtet. Auch Kastanien, Nüsse, Eier, Kaviar und die in Baumöl würzig gebratene Schnepfe zählten zu den liebesfördernden Speisen. Über einen entsprechenden Stellenwert verfügte der verführerische Hauch von Vanille, Zimt und Gewürznelke, oder auch Gewürze wie Pfeffer, Senf, Safran und Muskatnuss, Aniskerne, Ingwer und Knoblauch.
Der erotische Gleichklang von Küche und Kunst, Eros und Früchten, Essen und Trinken als Liebesstimulator ist an den Gemälden meiner Galerien noch heute ablesbar. Die erotische Sinnlichkeit der Früchte spricht aus den bildlichen Werken. Vitalität und Körperlichkeit in Verbindung mit Früchten stellt in meinen Kunstsammlungen

ein immer wiederkehrendes Motiv dar. In vielfältiger dekorativer Gestaltung sind Früchte in allen meinen Schlössern in Berlin und Potsdam bis heute erkennbar. In Ornamenten, an Türen, Wänden, Decken, Möbeln und Bildern stehen sie als Symbole „unendlicher Fruchtbarkeit, ewiger Regeneration und paradiesischer Glücklichkeit". Auf der Wanddekoration im Voltaire-Zimmer von Schloss Sanssouci sind noch heute meine königlichen Früchte zu sehen: Wein, Birnen, Äpfel, Kirschen und Melonen. In der von J. C. Hoppenhaupt 1753 geschaffenen Wanddekoration zeigt sich ein „Affe mit seinem ausgezeichneten Geschmack und seiner Fähigkeit zu unterscheiden". Der dargestellte Affe verwirft alles, „was unangenehm ist und behält, was ihm gefällt". Wen wundert es, natürlich greift er nach den „reifen Kirschen an den Zweigen." Früchte mit ihrem hohen ästhetischen Reiz finden sich wieder im Stillleben der Felder der Türmalerei im Gästezimmer von Sanssouci. Bis heute erkennt der aufmerksame Betrachter die sinnliche Kraft meiner Lieblingsfrüchte: „Kirschen, Feigen und Melonen" und am Rand Äpfel.

Reife, rotbackige Äpfel besaßen von jeher nicht nur einen lukullischen Wert an festlicher Tafel, sondern immer implizierten sie eine hohe verführerische Botschaft. Die „prallen Rundungen der Melonen" waren schon äußerlich signifikant und mit „einer großen Samenfülle" begründeten Melonen eine vielversprechende aphrodisierende Wirkung. Ihr süßer Saftreichtum galt als besonders verführerisch, auch für mich, der ich Melonen bis ins hohe Alter konsumierte.

Außer Früchten gehörten bestimmte Gemüsesorten zu den liebesfördernden Beigaben einer entsprechenden Gasterei. Der geheime preußische „Commercien-Rath" Johann Heinrich Zedler gab mir den besonderen Hinweis auf eine spezielle Artischocken-Art, die sog. „Carden, oder Cardonen". Er beschrieb, wie sehr sie dem „menschlichen Leibe eine gute und geschwinde Nahrung" zu geben vermochten. Nach Zedler soll das Artischockengemüse „heftig Lust zum Beyschlaff" machen. Derohalber empfehle ich zum Lustwandel als entsprechendes Vorspiel „Artischocken a la créme". Ich konnte diese heftige Speise am Sonntag, 19. November

1741, in Charlottenburg genießen. Aber wer es nicht ganz so scharf mag, dem anempfehle ich meinen „Sanssoucisalat", einen Salat aus Artischocken und Melonen. Zedler jedenfalls beschrieb die Artischocken-Wirkung wie folgt: „Sollen sonsten mächtig den Schweiß und Urin befördern, das Geblüt reinigen, die verlohrnen Kräffte ersetzen, das Hertz und die Natur stärcken, den Saamen vermehren, Lust zum Beyschlaff erwecken: Dahero, wenn Ehe-Leute dieses Gewächse fleißig essen, sollen sie lauter Knaben zeugen." Und Zedler wusste noch mehr vom Artischockengemüse zu berichten: „Die Wurtzel, so süßlicht in Wein gesotten und getruncken, vertreibet den Gestanck des Leibes, sonderlich der von den Achseln und Füssen kommt, und führet die faulen, bösen Feuchtigkeiten durch den Urin: dient wider die Harnwinde, Wassersucht und Saamen-Fluß."

Duftstoffe hatten zu meiner Zeit eine große Bedeutung. Jeder, der was auf sich hielt, verwendete Parfüm, auch die Männer. Die Parfümbereitung gehörte zu den größten Küchengeheimnissen der Hofküchenmeister. Wohl dem, der einen entsprechend affektionierten Küchenmeister sein eigen nennen konnte. Als sinnliche Botenstoffe haben sich bis heute Parfüm- und Blütendüfte ihre erotische Wirkung erhalten. Entsprechend schätzte ich den Duft frischer Kischblüten, bekanntlich waren die Kirschen ohnehin meine absoluten Lieblingsfrüchte. Ebenso gepriesen ward „ihres starken Geruchs halber" und wegen seiner Reinigungskraft der Lavendelduft. Schon der Name „Lavendel" ist Programm. Lavendel kommt vom lateinischen Worte „lavare" und bedeutet soviel wie „waschen". Das Parfüm ersetzte zu unserer Zeit geradezu das Waschen. Denn Wasser wurde zu meiner Zeit noch als gesundheitsgefährdend empfunden, deshalb benutzten wir mehr Parfüm, als Wasser. Um sich der Liebe hinzugeben, bedurfte es zu meiner Zeit keines reinigenden Bades, sondern eher des richtigen Duftes. Den Bedenkenträgern sei noch gesagt, die reinigende Kraft des Parfüms ist schon daran erkennbar, dass ihr Alkoholanteil zur notwendigen Desinfektion beitrug. Es war lediglich eine Frage der Parfümmenge und der Parfümqualität.

Kochkunst, eine Art höherer Diplomatie

Während meiner Regierungsperiode, dem Rokoko-Zeitalter, entsprach das Kochen keineswegs einer niederen Beschäftigung. Kochen besaß den Rang einer Kunst und die Kenntnis vom Kochen erforderte eine hohe Verantwortung. Köche waren gut bezahlt und ihr gesellschaftliches Ansehen entsprechend hoch bewertet. In höfischen Kreisen galt die „Kochkunst" sogar von diplomatischem Rang. Über meinen letzten Kammerherrn, den Italiener Girolamo Lucchesini, bemerkten Chronisten, dass er „in vielen Dingen geschickt" gewesen sei, „auch in der Kochkunst, einer Art niederer Diplomatie".

Spätere Generationen bezeichneten vertrauliche Kabinettsrunden als Küchenkabinett. Männerfreundschaften wurden oftmals auch bei Nachgeborenen bei ausufernden Sauf- und Essorgien gegründet. Mein Vater, der Soldatenkönig, schloss mit dem Polenkönig und Sachsenherrscher August dem Starken ein Trinkbündnis. Sie bezeichneten es „societe de antisobre", was vielsagend bedeutet: „Gesellschaft gegen die Nüchternheit".

Seit alters her galt in Brandenburg-Preußen das Küchenmeisteramt mit hohen Privilegien verbunden. Dieses bedeutsame Amt übte über viele Generationen hinweg das Geschlecht derer von der Schulenburg aus. Dieses altmärkische Adelsgeschlecht erhielt schon „1373 die Bestätigung des Erbküchenmeisteramtes in der Mark Brandenburg". Ein Nachkomme dieser weit verzweigten Familie wehrte „1715 bis 1718 die Türken in Korfu ab und sicherte Venedigs Adriastellung". Es war Johann Matthias Reichsgraf von der Schulenburg, der 1715 zum Feldmarschall der Republik Venedig ernannt wurde. Ihm gelang das Wunder 1733 bis 1735 und 1742 bis 1747 „bei den Kriegen der Östreicher in Italien" erfolgreich die Neutralität Venedigs aufrecht zu erhalten. Bevor er nach Venedig zog, war er „nach England gegangen, um die Ansprüche des Hauses Hanover auf den engl. Thron" geschickt „zu vertheidigen", obwohl „das damalige Toryministerium entgegen" wirkte, allerdings vergeblich. Daran mag man erkennen, wozu die Nachkommen der Brandenburgischen Küchenmeister fähig waren.

Inspirative Tischmusik

Am Abend ließ ich „zum Conzert einladen", denn die Tischmusik bedeutete mir mehr als nur Unterhaltung. Es entsprach ganz meiner Lebensphilosophie. In der Musik schwingt ein Stück der menschlichen Seele.

In meiner Freizeit jagte ich nicht wie mein Vater Wildschweine oder Hirsche, sondern musizierte und komponierte. Ich beschäftigte nicht nur ein paar Jagdhornbläser und Hofoboisten, sondern gründete ein Orchester. Zu meinen „angenehmsten Belustigungen" gehörte die Tischmusik, besonders in meinen „besten und lebhaftesten Jahren" pflegte ich vornehmlich „das Flötenspiel", was ich so liebte. Das Flötenspiel hatte für mich nicht nur unterhaltsamen Charakter, sondern während „des Flöteblasens meditierte" ich, hier kamen mir, wie ich selbst einmal zu d'Alembert sagte, die besten Gedanken, sie strömten mir unter „den Wogen der Töne" förmlich zu. Mein langjähriger Freund und Flötenlehrer war Johann Joachim Quantz. Mein erstes Orchester in Neuruppin musste ich noch vor meinem Vater versteckt halten und die Komponisten, Sänger und Instrumentalisten als Kammerbedienstete tarnen. Erst in Rheinsberg konnte ich unbeschwert und offiziell ein kleines Kammerorchester gründen. Es wuchs auf 17 Mitglieder an. Darunter befanden sich Philipp Emanuel Bach und die Gebrüder Franz und Georg Benda sowie Johann Gottlieb und Karl Heinrich Graun.

Amalthea und Apoll geweiht

Als Kind musste ich unter dem strengen Reglement meines Vaters leiden. Als Kronerbe sollte ich geradezu spartanisch erzogen werden. Lediglich ganze „sieben Minuten müssen zum Frühstücken genügen", so lautete die Anweisung meines Vaters, als ich zehn Jahre alt war. Mein Vater sah in mir einen verweichlichten Sohn und dekretierte, ich sei um 6 Uhr in der Frühe zu wecken und indem ich mich „kämmen und einschwänzen" ließe, sollte ich „sogleich Tee und Frühstück nehmen."

Meine Schwester Wilhelmine kritisierte in ihren Memoiren heftig die schlechte Kindheitskost am Hofe unseres Vaters. Er habe selber gerne zugelangt „während seine Familie missmutig auf ihren Tellern" herumstocherte. Meine Mutter, Königin Sophie Dorothea, die Schwester des englischen Königs Georg II., war ein besseres Leben gewohnt. Sie beklagte sich über die Schlichtheit der Menüs, lehnte die deftige Hausmannskost ihres Gatten ab. Sie meinte, diese Art von Speisen seien „einer königlichen Tafel unwürdig". Soweit es mein gestrenger Herr Vater zuließ, betrieb meine Mutter als Königin eine eigene Hofhaltung „im idyllisch am Spreeufer gelegenen Schloss Monbijou" zu Berlin. Hier fanden in „Abwesenheit des Königs heimliche Festlichkeiten" statt, an denen auch ich als junger Kronprinz immer gerne regen Anteil nahm. Doch tauchte mein Vater plötzlich auf, so mussten alle Lustbarkeiten schnell weichen. Musikinstrumente, Bücher und mehr verschwanden „eilends in geheimen Verstecken".

Den Gästen setzte mein Herr Vater preisgünstige Hausmannskost vor. Gegen Zahlung von „jährlich 12.000 Talern Tafelgeld" übernahm der Etat- und Kriegsminister „Grumbkow die Bewirtung der fremden Prinzen, Gesandten und Standespersonen", um meinen Vater von den Tafelfirlefanzereien zu befreien, wie er sie abschätzig beurteilte. Grumbkow stellte eigens aus diesem Anlass einen französischen Koch ein. Der bezog das stattliche Gehalt von 400 Talern. Grumbkows exquisite Küche wusste mein Vater regelmäßig zu nutzen. Hier verspeiste er Austern und Hummer, „Schinken in Champagner" und Krammetsvögel, einen Luxus, den er ansonsten zu veranstalten ablehnte. Grumbkow berichtet dem österreichischen Gesandten Graf Seckendorff: „Seine Majestät hat gestern wie ein Wolf bei mir zu Mittag und ebenfalls zu Abend gegessen; er besoff sich und ging um Mitternacht fort." Auf gehobene Speisewünsche seiner Umgebung lautete die Antwort meines Vaters stets: „Wer besser essen will als bei mir, der muß zu Grumbkow gehen."

In der Festungshaft hatte mich mein Vater gezwungen, das Bauernhandwerk zu erlernen. Nach monatelanger strenger Überwachung beförderte mich mein Vater am 4. April 1732 zum Oberst. Ich wurde infolge Kommandeur in Ruppin und Nauen. Nun endlich begann nach eineinhalb Jahren Festungshaft in Küstrin für mich „ein neuer Lebensabschnitt". Am 22. Juni 1732 zog ich „unter dem Jubel der Bevölkerung in Neuruppin ein". Als ich im Jahre 1732 das Kommando über ein Infanterieregiment in Ruppin übernahm, erkämpfte ich mir als junger Befehlshaber mühsam eine kleine relative Freiheit. Trotzdem blieb die Angst vor Strafandrohung durch meinen Vater. So konnte ich meine bescheidene Nische nahezu nur heimlich im engsten Freundeskreis genießen. Regelmäßig erreichten mich Paketsendungen mit Lebensmitteln, die mir bisher verwehrt waren. Aus Hamburg trafen zweimal die Woche Postsendungen ein, „die Kapaune, Steinbutte und Austern enthalten". In gemeinsamer Runde mit meinen Soldatenfreunden konnte ich sie festlich vertilgen, als „eine willkommene Bereicherung der einfachen Alltagskost." Derartig gemeinsam genossene Gaumenfreuden bildeten einen durchaus noch bescheidenen Höhepunkt in meinem kronprinzlichen Wochenverlauf. Diese abendlichen Runden stellten einen Vorgeschmack zur später berühmt gewordenen königlichen Tafelrunde dar.

Mein bescheidenes Wohnquartier bestand aus „zwei miteinander verbundenen Wohnhäusern, die sich kaum von den anderen strohgedeckten Fachwerkhäusern unterschieden". Wegen der kargen Lebensumstände blieb meine mir zwangsweise angeehelichte junge Frau, Kronprinzessin Elisabeth Christine, in Berlin wohnen. Mein despotischer Vater war weit entfernt, so nutzte ich die bescheidene, aber neugewonnene Freiheit, um meine landwirtschaftlichen Fähigkeiten tatkräftig umzusetzen. In Neuruppin errichtete ich meinen „ersten eigenen Garten". Am südwestlichen Stadtwall von Ruppin schuf ich mir einen Obst- und Gemüsegarten. Der Garten „grenzte an die Stadtmauer und die mittelalterliche Wallanlage", die mein Vater ausgewiesen hatte, um dort „Gärten für die Bürger der Stadt anzulegen". Nach dem Willen meines Vaters sollten die vorhandenen Bäume abgeholzt werden. Doch ich „erkannte den Reiz der von hohen Bäumen" bewachsenen Wallanlage und ließ die vom Vater 1728 befohlene Abholzung einstellen. Ich „erwarb ein kleines Areal der bereits aufgelassenen Fläche" und schuf mir hier einen Gartenrefugium, um „Gemüse und Früchte" für meinen kronprinzlichen Haushalt anzubauen. Diese gärtnerische Nutzanlage beinhaltete viele der von mir „so geliebten verschiedenen Obstbäume". Hier blühte und duftete es, und es wurden exotische Früchte „gezogen", dazu gehörten die von mir sehr geschätzten Melonen.

Meinen ersten eigenen Garten nannte ich in Anlehnung an die römisch-griechische Mythologie „Amalthea". Der antiken Sage nach säugte die Nymphe Amalthea den jungen Zeus auf der einsamen Insel Kreta, „wohin die Mutter nach der Geburt aus Angst vor dem Vater" geflohen war. Die schöne Nymphe „Amalthea" war diejenige, die einst in Gestalt einer Ziege den jungen Gott Zeus und auch Jupiter rettete. Sie nährte mit ihren aus zwei Hörnern entströmenden Ambrosia und Nektar die Götter. Der Mythologie entsprechend entwickelte sich daraus das nie versiegende

Füllhorn, lebensspendend diente es dem kleinen Zeus, umkränzt von Früchten und Kräutern. Später wandelte es sich zum Füllhorn der Olympioniken und fand Einzug in künstlerische Darstellungen und Sammlungen, so auch in meiner Gemäldegalerie.

1735 erteilte ich meinem Freund Georg Wenzeslaus von Knobelsdorff den Auftrag, im „Garten einen Tempel zu errichten". Begeistert schrieb ich meiner Schwester Wilhelmine nach Bayreuth: „Das Gartenhaus ist ein Tempel aus acht dorischen Säulen, die eine Kuppel tragen. Auf ihr steht die Statue des Apollos. Sobald er fertig ist, werden wir Opfer darbringen – natürlich Dir, liebe Schwester, als Beschützerin der schönen Künste." Apollo krönte denn auch „das von toskanischen Säulen getragene gewölbte Dach des Tempels". Es war das erste Werk des jungen Baumeisters Knobelsdorff. Es entwickelte sich zwischen mir und Knobelsdorff „ein kunstfrohes Zusammenleben eigener Art", bei dem Knobelsdorf sich für mich als ein guter Lehrmeister erwies, ein „aus festem Kernholz" geschnitzter Märker, der als begabter Künstler märkischen Geblüts vom Hofmaler Pesne ausgebildet wurde. Er war mir sehr sympathisch, weil er seiner künstlerischen Neigung wegen den Militärdienst quittierte. Neben Knobelsdorff versammelten sich bereits in Neuruppin um mich herum „die Musiker Franz und Georg Benda sowie Johann Gottlieb und Karl Heinrich Graun". Und auch Johann Joachim Quantz verweilte zum Besuch. Es entstand eine kleine Hofkapelle, allerdings musste ich meine Musiker „noch als Kammerbedienstete" tarnen, um den Argwohn meines Vaters nicht zu provozieren. Mein königlicher Vater war stets bestrebt, mir das Musizieren zu verbieten. Doch in meinem Freundschaftstempel konnte ich viele „heitere, mußevolle Stunden" verbringen, wie der Schriftsteller Theodor Fontane später anmerkte. In dem kleinen Tempelbau feiert allabendlich der kronprinzliche Freundeskreis. „Musik und philosophische Dispute, kleine Festlichkeiten und fröhliche Neckereien" ziehen ein und der Zeus-Sohn Apollo „wird wie ein Leitmotiv" mein weiteres Leben begleiten. Ein Hauch von Antike hält nunmehr Einzug im „märkischen Sand".

Dementsprechend lieferte mir mein Tempelgarten wahrhaft göttliche Früchte. Begeistert beschrieb ich am 22.6.1737 einem meiner Vertrauten meine Gartenfreuden. In dem Brief an den sächsischen Gesandten Suhm steht: „Ich reise am 25. nach Amalthea, meinem lieben Garten in Ruppin. Ich brenne vor Ungeduld, meinen Weinberg, meine Kirschen und meine Melonen wiederzusehen." An seinen Vater schickte ich beständig Gartenpräsente. Meine neuangelegten Gewächs- und Treibhäuser lieferten „seltene Importfrüchte". Beständig kontrollierte ich als

erfolgreicher Agrarwirt die Qualität meiner landwirtschaftlichen Erzeugnisse. So landeten in der kronprinzlichen Küche vielfach begehrte Früchte. Ich erntete: „Frühen Spargel und Blumenkohl, Kirschen, Erdbeeren, Melonen, Weintrauben." Meine Landwirtschaft lieferte „fette Kälber" und es war mein Ziel zu erkunden, ob solche Kälber wie im Clevischen gemästet werden könnten. Es gab „Poularden, Capaunen, Tauben und Truthähne, Kibitzeier, auch Fische, eingemachte Gänse, Schinken-Pasteten und Pouladen."

Aus mir war ein leidenschaftlicher Landwirt geworden. Beständig schickte ich meine landwirtschaftlichen Erzeugnisse „in der guten Menage" als Präsente an meinen Vater. Ich schrieb am 10. Februar 1736 an den Soldatenkönig: „Die gnädige Art, wohmit Mein allergnädigster Vater die puhten, so ich geschicket, hat an nehmen wollen, behertzet mir die Freiheit zu nehmen, ein kalte Rindfleisch-Pastete, wie er sie gerne ißet, zu schicken und mit nechst kommender gelegenheit werde pularden, so nuhr noch nicht fet genug seindt, schicken und hoffe ich in ein Jahr meine Wirthschaft so in zu richten, das Mein allergnädigster Vater kein Fleischwerk wirdt gebrauchen von Hamburg kommen zu lassen."

Nachfolgend in Rheinsberg entfaltete ich meine landwirtschaftlichen

Erkenntnisse zielstrebig weiter. Hier schuf ich eine „umfangreiche Nutzgartenanlage mit Obstplantagen, Talutmauern (von dem französischen talut, schräg, abgeschrägt), Treibhäusern und einem großen Glashaus".

Kurz nach dem Umzug von Ruppin nach Rheinsberg schrieb ich meinem Vater im November 1736: „Anjetzo bin ich beschäftigt mit dem flantzen der Bäume fertig zu werden, dieweil wir anjetzo noch schöne Tage haben." Nun legte ich „die berühmten Gärten von Rheinsberg und in ihnen die schönen Treibhäuser und eine Holländerei an". Meinem Vater überließ meine kronprinzliche Küche fortwährend Sachen, „die er gerne isset." Nur zu genau wusste ich, wie gerne mein Vater „essbare Geschenke für die Hofküche" annahm. So erinnerte sich der Soldatenkönig möglicherweise an seine eigene Kronprinzenzeit, wo er ganz im Gegensatz zum später entwickelten „Hang zur Völlerei" durchaus noch ein Genießer war. Nachgeborene berichteten, mein Vater habe als „Kronprinz Froschschenkel" geliebt. Doch seine Froschleidenschaft hat er bei aller Sparsamkeit nie ganz aufgegeben. Der gute alte Faßmann schilderte, dass „Ihro Majestät" ein „sehr großer Liebhaber davon ist." Er habe „zwischen Ostern und Pfingsten, fast täglich, eine Schüssel voll gebackene Frösche auf" seine Tafel gesetzt.

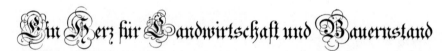

Ein Herz für Landwirtschaft und Bauernstand

In meiner königlichen Bibliothek im Berliner Stadtschloss befand sich das Werk „Le Spectacle de la Nature", das gelehrige Naturkundebuch des Abbé Pluche. Er lebte von 1681 bis 1761. Mit seinem Buch hat er wesentlich meine Obstleidenschaft und meinen Kenntnisstand beeinflusst. In seinem Werk wurden „alle Fragen des Gartenanbaus behandelt". Hieraus zog ich meine Kenntnisse um den Melonenanbau und mein gärtnerisches Wissen. Der Abbé hatte einst geschrieben: „Sie werden mir mühelos beipflichten, daß eine Pflanze nicht ermangeln kann zu gedeihen, wenn sie durch dieselbe Sorgfalt regiert wird, welche den Staat lenkt." Mit dieser Sorgfalt ging ich an die Kultivierung der Pflanzen.

Es entsprach dem Ideal der Aufklärung, sich das Obst und Gemüse zu erziehen. Der Mensch, seiner Mündigkeit bewusst, bediente sich der „Kunst der Frühtreiberei". Ich „richtete neben dem zentralen Weinberg in Sanssouci", dem „Terrassenrevier, fünf Treibereien ein, in denen Melonen, Orangen, Bananen und Ananas gezogen wurden." Das erste Treibhaus war bereits „1745 westlich von Schloß Sanssouci errichtet" worden, allerdings bestand es nur aus zusammengeschlagenem Bretterwerk und „diente nur zur Probe". Zwei Jahre später folgte dann „das erste allhier gesehene ordentliche Gewächs-Glas- oder Treibhaus". Der 1747 errichtete Bau wies 320 Fuß an Breite aus, was etwa 100 Metern entspricht, aber er war nur 24 Fuß tief. Es besaß „vorne eine schräge Glaswand mit drei Reihen von je 80 Fenstern sowie Fensterläden, und darüber einen Sonnenfang, der grün gestrichen war." Im hinteren Bereich befand sich „eine steinerne Rückmauer mit verschiedenen Kaminen zum Heizen der Oefen, und der unter dem Fußboden angelegten Heitzkanäle". Acht Tausend Taler kostete mir die Errichtung dieses beheizbaren Treib- und Gewächshaus. Unter der Aufsicht der Hofgärtner wuchsen hier Trieblinge von Kirsch-, Pflaumen und Pfirsichbäumen sowie die der Weinstöcke. Ich hatte solche Freude an meinem Treibhaus, dass ich sogleich weiter westlich eine zweite Treiberei errichten ließ, in der Nähe des Orangenhauses, den heutigen Neuen Kammern. Als die Bildergalerie geschaffen wurde, verlegte ich 1754 „das große Treibhaus samt den davor liegenden fünf Treibmauern an den südlichen Rand des Gartens", woraus sich die so genannte Melonerie entwickelte. Ich verteilte die Treiberei auf zwei große Häuser, weil sich so „eine weitere Verfeinerung der Treiberei" erzielen ließ. Das kleinere beheizte Treibhaus nutzte ich für die Frühlinge, die frühe Treiberei mit Ernte im Februar bis März. Das unbeheizte größere Treibhaus „war für die späte Treiberei" mit Ernte in den Monaten April bis Mai bestimmt.

Um frühzeitiger Früchte reifen zu lassen, galt als einfachste Methode, „die Bäume vor südlichen, sonnenexponierten Mauern zu pflanzen, die möglichst windgeschützt waren." Dieser „Verfrühungseffekt konnte noch gesteigert werden durch Talutmauern. Diese optimal der Sonne zugewandten Mauern verfügten über keine eigene

Heizung, aber schräg davor gestellte Glaswände verstärkten die Wirkung der Sonnenstrahlen und verminderten das Auskühlen in der Nacht, so daß die Früchte sehr viel früher reifen konnten." Am Winzerberg in Sanssouci sind noch heute Reste meiner friderizianischen Anlagen „auf dem Winzerberg und in den oberen drei Terrassen" am Potsdamer Belvedere am Klausberg in der Umgebung vom Drachenhaus zu sehen.

Meine friderizianischen Obstbäume wurden als Pyramiden gezogen, mit bis zum Boden beasteten Kegeln. Diese Züchtungsform entsprach „den Idealen der Aufklärung". Die Pyramide galt als „die beste Form des Zwergobstes", erst im 20. Jahrhundert sind die Gärtner davon wieder abgekommen, „wegen des großen Aufwandes beim Beschneiden" der Pflanzen. Über meinen Obstanbau dichtete Voltaire 1752 ein „Poeme sur la loi naturell". Es war mehr als eine Huldigung an mein gärtnerisches Wirken, denn Voltaire sah den „Obstbau als Gleichnis für eine weise Regierung". Voltaire bezeichnete mich darin als glücklichen Heger, der die „Töchter des Frühlings" und die „Schätze des Herbstes" pflege: „Ein Blick des Meisters genügt, alles kann er bewirken". Das „nutzlose Unkraut" entreißt er unerbittlich. Mit „Hilfe der Sonne, der Erde und des Wassers" folge der Boden „dankbar seiner Kultur". Der König als „Diener, welcher befolgt mit Fleiß das Gesetz der Natur." Die Erziehungsarbeit am Baum muss Voltaire sehr beeindruckt haben, denn er soll nachfolgend in Frankreich der Erste gewesen sein, „welcher seinen Birnbäumen in seinem Garten eine pyramiden- oder kegelförmige Gestalt hat geben lassen." Bäume „nach dieser Gestalt erziehen zu lassen", war ein „Model in Deutschland" und Voltaire hatte dabei „die Pyramiden aus Sanssouci vor Augen, als er den naturgemäßen Baumschnitt, mit einer naturgemäßen Gesetzgebung verglich."

Landwirtschaft lernte ich frühzeitig als bedeutsamen Wirtschaftsfaktor zu schätzen. Der Chronist berichtete über meinen landwirtschaftlichen Einsatz: „Friedrich war es, der bereits im Jahre 1748 spanische Böcke einführte: er veredelte damit wesentlich die inländische Schafzucht."

Eine ganze Provinz habe ich in Frieden gewonnen. Ich eroberte meinem Land eine neue Provinz, ohne dazu Krieg führen zu müssen. Ab 1747 ließ ich den Oderbruch eindeichen und entwässern. Bis dato ward er immerfort von Überschwemmungen heimgesucht. Der so freigelegte fruchtbare Boden versorgte halb Preußen mit den besten Obst- und Gemüseprodukten. Mit der Kultivierung des Oderbruchs entstand eine ertragreiche landwirtschaftliche Region, die sich schlagartig zum Obst- und Gemüsegarten der Hauptstadt Berlin entwickelte. Meine königliche Begeisterung für die Obstbaumkultur sprang auf meine Untertanen über. Es begann „der gewerbliche Obstanbau, nicht nur im Oderbruch, auch im damals noch stark vom Weinbau geprägten Gebiet um Werder, der grünen Havelinsel". Beim Obstanbau vermochte ich „das Schöne mit dem Nützlichen" zu verbandeln. Mein außergewöhnliches gärtnerisches Engagement führte letztendlich „nachhero" zur Gründung der Gärtnerlehranstalt und der Landesbaumschule.

Mit meinen Küchenprodukten betrieb ich selber einen schwunghaften Handel. In der Berliner Schloss- und Hofapotheke wurden 1758 „Krisch-Lavendel-Wasser, Schwarzkirschwasser, Sauerkirsch-Sirup" und eingemachte „saure Kirschen" sowie „Sirup aus Sauerkirschen mit Tagetes-Blüten" feil geboten.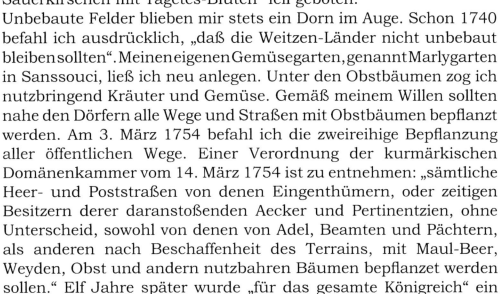

Unbebaute Felder blieben mir stets ein Dorn im Auge. Schon 1740 befahl ich ausdrücklich, „daß die Weitzen-Länder nicht unbebaut bleiben sollten". Meinen eigenen Gemüsegarten, genannt Marlygarten in Sanssouci, ließ ich neu anlegen. Unter den Obstbäumen zog ich nutzbringend Kräuter und Gemüse. Gemäß meinem Willen sollten nahe den Dörfern alle Wege und Straßen mit Obstbäumen bepflanzt werden. Am 3. März 1754 befahl ich die zweireihige Bepflanzung aller öffentlichen Wege. Einer Verordnung der kurmärkischen Domänenkammer vom 14. März 1754 ist zu entnehmen: „sämtliche Heer- und Poststraßen von denen Eingenthümern, oder zeitigen Besitzern derer daranstoßenden Aecker und Pertinentzien, ohne Unterscheid, sowohl von denen von Adel, Beamten und Pächtern, als anderen nach Beschaffenheit des Terrains, mit Maul-Beer, Weyden, Obst und andern nutzbahren Bäumen bepflanzet werden sollen." Elf Jahre später wurde „für das gesamte Königreich" ein umfangreiches Pflanzenedikt erlassen. Endlich sollten in jedem Dorf Obstbaumschulen eingerichtet werden. Weil die Maßnahmen immer noch nicht überall „genügend Wirkung" zeigten, ließ ich ab „1770 auf eigene Kosten vierzig Kreisgärtner" einstellen, die die geforderten „Pflanzungen überwachen sollten". Nach meinem Willen hatte jeder dieser Kreisgärtner „die Dörfer seines Distrikts" mindestens „zweimal jährlich zu bereisen und nachzusehen, ob die Baumgärten gehörig gepflegt, die Bäume von Raupennestern und von trockenem Holze befreit werden."

Gewisse „nützliche Verordnungen", die auf „die Beförderungen des Anbaues der Obstbäume im Lande" zielten, erließ ich als junger König bereits in den ersten Regierungsmonaten. Am 14. September 1740 war von „allen Kriegs- und Domainenkammern das Anpflanzen von Obstbäumen durch's ganze Land anbefohlen" worden. Nach meinem Willen sollte mit „äußerstem Fleiß" der Obstanbau in preußischen Landen „poussiren", also gefördert werden. Für Zerstörungen von Bäumen drohte ich mit hohen Bestrafungen, auf die „Beschädigung von Maulbeerbäumen stand zehnjährige Festungshaft". Nach einem Erlass vom Mai 1752 sollten in den Dörfern Baumschulen entstehen. Ihnen war ausdrücklich anbefohlen, zur „Pflege einen der Baumzucht kundigen Mann" anzustellen. Doch zogen viele Jahre ins Land, bis meine Anweisungen überall befolgt wurden. Als „großer Freund der Baumfrüchte" unterließ ich nicht, beständig den Ausbau der preußischen Obstgärten einzufordern. „1770 bei der Ministerrevue" räsonierte ich: „Daß man das trockne Obst immer noch aus Sachsen kauft und, wie man sagt, zum Bedürfnisse kaufen muß, ist mir gar nicht lieb. Man muß, meine Herren, besorgt sein, den Obstbau auf dem Lande und in den Aemtern allgemein zu machen". Diverse Anpflanzungsedikte bestanden schon durch meine Vorfahren. Aber erst ich verlangte nachdrücklich die Bepflanzung von Alleen mit Obstbäumen. Besondere Verbreitung fanden in brandenburgischen Bauerngärten und an den Alleen der Stadtausfahrten die Birnenbäume. Da Birnenbäume um die „300 Jahre alt werden können", gibt es in der Mark Brandenburg noch heute Bäume, die auf Anpflanzungen meiner Regierungszeit zurückgehen.

Meinen eigenen Obstkonsum befriedigte ich aus eigens geschaffenen Treibhäusern und Gärten. Der Hofchronist berichtete: „Dieses Obst zog er sich selbst in kostbaren, weltberühmten Treibhäusern und terrassenförmigen Spalieren von Sanssouci". Viel Geld konnte er für Obst ausgeben, besonders für die von ihm so geliebten Kirschen. Meinem Freund und Diener Fredersdorf berichtete ich, dass ich gestern für „180 Thaler Kirschen gegessen" habe. So zahlte ich „für die ersten Kirschen im December und bis Mitte Januar" hohe Summen, dem Hofchronisten zufolge für „das Stück zwei Thaler". Die Gärtner wetteiferten geradezu, mich „möglichst rund um das Jahr" mit frischen Kirschen zu versorgen. Die Gärtner entwickelten den Ehrgeiz, mir „die ersten Exemplare der Saison zu liefern."

Der preußische „Oberconsistorialrath" D. Anton Friederich Büsching, einer meiner Zeitgenossen, beschrieb meine Obstleidenschaft: „Aus gutem und feinem Obst machte Er sehr viel, und konnte es in beträchtlicher Menge geniessen; Er wendete auch jährlich viel Geld an, um es durch die Treibhäuser früh und zur ungewöhnlichen Zeit zu bekommen. Seine Gärtner mußten es in seine Kammer setzen lassen, und Er suchte selbst dasjenige aus, welches Er geniessen wollte. Er bestimmte auch, was auf die Tafel gesetzet, und Seinen Verwandten und Freunden geschicket werden sollte."

Obst wurde in Brandenburg-Preußen aber nicht „nur als süße Nachtisch-Delikatesse" geschätzt, „sondern auch als herzhafte Speise zum Hauptgericht", beispielsweise als „Salzbirnen", die „mit Fenchel und Dill eingelegt" wurden. „Essigbirnen" mit „Zimt und Nelken" verfeinert schmeckten besonders als Beilage zum Bratenfleisch.

Sichtbares Zeichen meiner Obstleidenschaft war, dass ich nicht nur selber gerne regelmäßig Obst zu mir nahm, sondern überall dort, wo ich mich aufhielt, Schalen und Körbe mit frischem Obst für meine Gäste aufstellen ließ. Obstschalen wurden in allen Räumen meiner Umgebung bereitgehalten, bevorzugt findet sich dort Obst, was ich „sehr liebte und das stets auf den Kaminconsolen und Spiegeltischen stand". Zu meinen Lieblingsfrüchten gehörten außer Melonen besonders „Kirschen, Pfirsiche, Wein und Feigen", später kam die Ananas hinzu. Baron von Diebitsch schilderte meine

Obstleidenschaft ausführlich seinem Herrn, dem russischen Zaren. Er beschrieb, der Kämmerer habe gewöhnlich in der Frühe „schon einen oder mehrere Teller mit Kirschen oder andrem Ost, Pisangs, Feigen und Weintrauben auf die Tische und dem Spiegel gesetzt, von denen Se. Majestät nach Belieben etwas beim Herumgehn, oder auch wann Sie die Flöte spielt, genossen."

Unter der fachlichen Leitung des hessischen Gärtners Johann Heinrich Krutisch wuchsen und gediehen meine Lieblingsfrüchte. Krutisch betreute von 1754 bis 1766 meinen königlichen Gartenanbau. Als mein aus Hessen stammender Hofgärtner starb, setzte sein älterer Bruder Philipp Friedrich Krutisch die Arbeit fort. Sein Neffe Johann Jakob Krutisch wurde „hernach" ebenfalls Hofgärtner und erneuerte die Familientradition, insbesondere die Melonenzüchtung, die bereits in meinen Gärten Weltgeltung erlangte. Trotz dieser beachtlichen gärtnerischen Erfolge kam es immer wieder zu kleinkarierten Streitigkeiten zwischen den Hofgärtnern. Aufgrund gewisser Zwistigkeiten zwischen Krutisch und seinem Gesellen Friedrich Zacharias Salzmann musste ich 1767 die Gartenzuständigkeiten neu verteilen. Salzmann wurde zum „Hofgärtner im zentralen Terrassenrevier" ernannt. Das unschöne Kompetenzgerangel konnte aber die weiter fruchtbare Entwicklung des Obstanbaus in meinen Preußenlanden nicht stoppen.

Nachgeborene bezeichneten meine Regierungszeit im Hinblick auf die „ausgedehnten Obst-Anlagen und Treibereien" als „grundlegend und Epoche machend". Die Anregungen, die ich als König „zum Fortschritt im Gartenbau" machte, waren mir „ein Herzensbedürfnis". Beständig „wurden fleißige, geschickte Privatgärtner durch Prämien ermuntert." Nach meinem Tode gingen erfreulicherweise „die Initiativen zum Obstbau vor allem von privater Seite aus." Der Funken war endlich übergesprungen, meine Saat war aufgegangen: Aufgeklärte Rittergutsbesitzer, Bürger und Bauern „wetteiferten um die besten Obstanlagen."

Sanssouci – meine glückliche Insel

Im Spätsommer des Jahres 1744 begannen am Weinberg in Potsdam die Vorbereitungen für den Bau eines neuen Schlosses. Fernab vom Getriebe der Residenzstädte Berlin und Potsdam, zurückgezogen zwischen den Weinbergen mit Blick auf das weite Havelland. Für mein neues Sommerschloss wählte ich den französischen Namen Sanssouci, was soviel bedeutete wie „ohne Sorgen". Mein neues Lustschloss sollte mir ein Refugium schaffen, wo ich wenigstens einige Augenblicke sorgenfrei zu leben vermochte. Hier gestaltete ich mir ein kleines königliches Paradies, meine glückliche Insel. Der Ort, wo am Bergeshang wahrhaft paradiesische Früchte in Hülle und Fülle wuchsen. Mit der Terrassierung des wüsten Berges am nordwestlichen Rand der Stadt Potsdam nahm 1744 der weltberühmte Schlossbau von Sanssouci seinen Anfang.

Am 13. Januar 1745 startete der ehrgeizige Lustschlossbau, getreu meinen persönlichen Anweisungen. 1744 und 1745 hatte ich mit der Anlage von sechs Weinbergterrassen zum Treiben von Obst die Akzente gesetzt. Mit dem Baubeginn des bekrönten Schlosses entstand rundherum eine umfangreiche „gärtnerische Produktionsstätte". Einen Großteil der Erstlingsbepflanzung von Sanssouci bezog ich im Mai 1746 aus dem holländischen Haarlem, hier bestellte ich bei der Gärtnerei Moerbeek „100 Apfel- und 100 Birnenpyramiden".

Von der Decke der Eingangshalle meines neuen Lustschlosses Sanssouci ließ ich meine Gäste von einer weiblichen Gestalt begrüßen. Sie trägt ein großes Füllhorn voller Früchte in ihren Händen. Es ist die Beschützerin der Obstgärten, die römisch-etruskische Göttin Pomona. Ich kannte diese reizvolle Frauengestalt aus den Schilderungen des Ovid. Keine war geschickter im Pflegen der Gärten als sie, „keine war mit größerem Eifer um die Anzucht des Obstes bemüht." Nach antiker Sage stand Pomona mit Ceres im Wettstreit, der „Göttin der Feldfrüchte und Kräuter". Doch Pomona, als „Göttin der Baumfrüchte" hatte einen Vorteil, sie war mit ihren Früchten dem Himmel näher, als Ceres mit den Futterpflanzen und Ackerfrüchten. So wurde die Heilkraft der Früchte der Pomona höher bewertet, als die der Ceres. Aber nicht nur vom Vestibül meines neuen Schlosses ist dies ablesbar, sondern ich machte mir als König die Förderung der Obstbaumkultur erklärtermaßen zu meinem Programm. Der heilige Hain der Pomona sollte in meinen königlichen Gärten geradezu Wirklichkeit werden.

Mit den eigenhändig skizzierten Gewächshäusern verlieh ich als junger König erneut meiner Vorliebe für Reben und Früchte dauerhaften Ausdruck. Die Weinstöcke des Terrassengartens importierte ich aus Frankreich, ebenso von dort die zahlreichen Feigenbäume. Weitere Obstbäume wurden in Algerien bestellt. Die Terrassenanlage „besitzt sechs Absätze, in deren Mitte eine geschwungene Treppe zum Schloss Sanssouci hinaufführt". An den Seiten überwinden „Rampen die Höhensprünge". „An den Stützmauern der sechs Absätze" ließ ich im Spalier „Pfirsich- und Aprikosenbäume" aufreihen und „an der vorderen Kante der Terrassen" abwechselnd Orangenbäume und Nadelbäume, in den Fensternischen die Weinstöcke. Die Terrassenstufen wurden als „kalte Treibmauern" benutzt und wirkten entsprechend „ohne künstliche Heizung". „Hier wuchsen nachweislich die ersten Melonen". Als neupreußische Wortschöpfung entstand so der Name „Melonerie" für den Melonengarten.

1761 wurde im Schlosspark von Sanssouci das „Pisanghaus westlich der Hofgärtnerhäuser" errichtet. Pisangfrüchte, so wurden zum meiner Zeit die Bananen bezeichnet. Aber im Pisanghaus wuchsen durchaus noch andere Früchte. Hier standen meine 32 peruanischen Luxusmelonenbäume, die ich 1783/84 für einen exorbitanten Betrag hatte einschiffen lassen. Schon 1763 hatte ich östlich des Obelisken im Schlosspark von Sanssouci Melonenkästen angelegt und den Winzerberg nutzbringend terrassiert. Nun konnten auf dem neu von mir geschaffenen Winzerberg östlich des Obelisken" Melonen, Pfirsiche und Pflaumen reifen, gleichzeitig werden „Erbsen getrieben". In den Heckenquartieren um das Oranierrondell und das Mohrenrondell züchtete mein Hofgärtner Philipp Friedrich Krutisch die extraordinierten Kirsch-, Apfel- und Birnenpyramidenbäume. Ebenso wuchsen in der Anlage Aprikosenbäume, und zu Füßen der vielen Kirschbäume werden nützliche „Küchenkräuter und

Gemüse" gezogen. Außerdem stand im Potsdamer Küchengarten um 1784 ein „Kirschkasten mit 24 Fenstern und 12 langen Läden" sowie ein kleinerer Kirschkasten ... Die Treibhäuser wurden mit einer Packung Pferdemist und Lohe im Boden erwärmt". Manche der Treibereien wurden beheizt „sogenannte warme Treibmauern", die als Glashäuser „der Treiberei von Tafelobst dienten."

Erst meine Nachkommen drängten die „Präsenz des Obstbaus in den königlichen Gärten zurück", zunehmend trat die „landschaftliche Gartenkunst" in den Mittelpunkt. Der Gartenbaumeister Lenné wollte nach meiner Zeit „ursprünglich sämtliche Obstquartiere im Park Sanssouci beseitigen, setzte dies aber nicht vollständig durch." Es blieben am Neuen Palais vier von acht meiner geliebten Obstquartiere bestehen, einschließlich die mit den Hecken.

2. Meine allfällige Königstafel
und „dero" Extraordinierungen

Meine Lieblingsspeisen

Meine Zeitgenossen bemerkten bereits damals: der König „aß und trank viel", aber in „ordentlicher Weise" und von dem, was er besonders mochte, konnte es allerdings schon mal eine größere Menge sein. Bereits als Kind vertraute ich meinem Tagebuch an: „Ich esse, trinke, spiele und schlafe sehr gern." Den Schlaf verkürzte ich zunehmend und die Bedeutung von Essen und Trinken sollte in meinem Leben eine geradezu revolutionäre Steigerung erfahren. Befreit von der strengen Tischzeremonie und fernab von dumpfer Völlerei meines Vaters, des Soldatenkönigs, liebte ich als König die Genussfreude am Tische. Wahrhaftig zeigte ich mich als ein leibhaftiger Genießer der Tafelfreuden. Dies lässt sich leicht noch heute erkennen. Ich konnte gerade ein Mahl beendet haben, doch sogleich mich schon wieder auf das Kommende freuen. Ein Augenzeuge damaliger Zeit, der „königl. Preußisch. Oberconsistorialrath" D. Anton Friedrich Büsching bemerkte dazu: „wenn der Küchenzettel, welcher Ihm des Abends für den Mittag des folgenden Tages gebracht wurde, Speisen enthielt, die er vorzüglich gerne aß, Er ihn nicht nur am folgenden Morgen und Vormittag mehrmals und mit Vergnügen ansah, sondern auch die Mittagsstunde kaum erwarten konnte."

Ich scheute nicht vor exotischen Küchenprodukten zurück. Selbst aus fernen Ländern ließ ich mir Zutaten für meine Leibgerichte schicken. Als Verfeinerer der preußischen Hofküche orientierte ich mich als König an französischen Vorbildern. Doch legte ich großen Wert auf frische heimische Fleisch- und Küchenprodukte, die im Eigenanbau gezüchtet und kultiviert wurden. So sehr ich als Schöngeist und Feinschmecker galt, so waren für mich erlesene Qualität und deftige einheimische Küche kein Gegensatz.

„Käse- und Mehlspeisen, Schinken, Saurer und grüner Kohl" und „Pasteten" hatten es mir als König „besonders angetan", wie meine Zeitgenossen erkannten. Zu meinen „kulinarischen Favoriten" gehörten die „italienische Polenta", „Sardellen-Salat mit Oliven und Kapern, Ochsenzunge mit Braunschweiger Wurst, Lachs, Aal, Fischpasteten, Kanapees mit Sardellen", Rindfleisch in jeder Variation, „frische Leberwurst mit Bratwürstchen", aber auch Parmesankäse sowie Gurken und Champignons. Als Dessert mochte ich „Zitronentorte, Englische Johannisbeertorte oder auch gebackene Waffeln." Sehr oft standen „Kohl und Schinken" auf meinem königlichen Speiseplan, ebenso Ente, Hechtsuppe oder Selleriesuppe und Spargel.

Mein Götterwein

Dem Hofchronisten zufolge wurden die Zechweine an meiner friderizianischen Tafelrunde vielfach als Götterweine gepriesen. Mein Freund Bielfeld war es, der „entzückende Tage" an meiner Tafel leidenschaftlich beschrieb und den konsumierten Tafelwein zum „Götterwein" empor hob.

Meistens konsumierte ich zur Tafelrunde „eine Flasche Wein". Mein Lieblingswein kam aus Frankreich, vorzugshalber schätzte ich den Bergerac oder die Bordeaux Weine. Meine Trinkgewohnheiten plauderte mein Zeitzeuge, der preußische „Oberconsistorialrath" D.

Anton Friederich Büsching aus: Der „gewöhnliche Wein, den Er trank, war Bergerac". Den allgemein konsumierten Tischwein ließ ich von der Mosel oder aus Frankreich anliefern. Immer wieder ist bis heute in meinen Kellerverzeichnissen die Rede vom Wein aus „Franken" und von der Mosel. Hierzu gehörte der „Bernkasteler Doctor", denn die „Weine aus dem Doctorberg aus Bernkastel" wurden „auch damals schon" nachweislich „zu den Besten" gerechnet. Die königlichen Tafelgäste durften „so viel rothen Wein (sogenannten Pontac)" aber auch „Moselerwein trinken", „als sie wollten", wie Büsching ausplauderte.

Nach Büsching habe ich meinen Gästen den wertvollen „ungarischen Wein aber nur alsdenn" zukommen lassen, wenn ich „ausdrücklich befahl, dergleichen zu geben." Zum Ausschenken des „ungarischen Tokajer" musste ein besonderer Anlass gegeben sein. Den edlen Tokajerwein trank bereits mein Großvater „am liebsten". Er kam damals „regelmäßig aus Ungarn als Präsentwein an den Berliner Hof". Der Tokajer galt als „Wein der Könige" und „Tokajer Aszú" ist in meinen Kellerlisten bis heute verzeichnet. Die Weingeschenke des Kaisers umfassten zu meiner Zeit „neben Tokajer vor allem auch einen damals sehr geschätzten Lütenberger", der noch heute in Slowenien wächst. Zum von mir gerne getrunkenen Rotwein gehörte ein Trollinger. Er wurde Muskattrollinger genannt. Ich ließ ihn „am Weinberg des Schlosses Sanssouci" anbauen, „weil die Trauben dieser Rebe einen ganz besonderen Geschmack" besitzen. Es ist ein sehr fruchtiger Wein mit ausgeprägtem Muskataroma.

Zwischendurch konsumierte ich schon mal „Tiroler Wein", beispielsweise während des siebenjährigen Krieges.

Ebenso „waren die spanischen Weine, besonders die von Malaga, in Preußen sehr geschätzt". Wein aus den entferntesten Landen habe ich bereits genießen dürfen, darunter den aus dem südlichen Afrika. Er galt als der berühmteste Wein meiner Zeit, und so durfte Wein aus Südafrika in meinem Weinkeller natürlich nicht fehlen. Der „Vin de Constance", wie er genannt wird, ist in meinen Kellerlisten häufig als „Capwein" aufgeführt. Im Oktober 1770 sind 403 Flaschen „Capp Constance" in meiner Bestandsliste verzeichnet.

Mein Oberlehrer Büsching verriet, dass ich den guten Wein „mit Wasser" beständig „vermischte", was für damalige Zungen wohl als Merkwürdigkeit empfunden wurde. Denn in Wasser sahen damalige Zeitgenossen aufgrund überkommender Mittelaltervorstellungen ein minderwertiges Getränk, unwürdig an des Königs Tafel bereitgehalten zu werden. Vielfach galt es noch als krankheitserregendes Getränk, was allenfalls Tieren anempfohlen sei, aber von Menschen höheren Standes als unrein betrachtet wurde. Mir gleich vermochten Nachgeborene den Genusswert einer erfrischenden Schorle durchaus zu schätzen. Ich liebte ausdrücklich den „mit Wasser häufig genossene[n] Bergerac", wie Büsching ausgekundschaftet hatte. Auf meinem königlichen Nachttisch musste allabendlich eine Flasche Burgunderwein und dazu Wasser bereitstehen.

Nachgeborene behaupten immer wieder, dass ich den Rheinwein gemieden habe. Als Grund wird dabei oftmals angeführt, weil mein Vater den Rheinwein bevorzugt habe und ich darin glaubte, „die Ursache für die Gicht des Vaters erkannt zu haben". Ich wäre dem Rheinwein abgeneigt gewesen, weil er zu meiner Zeit einen anderen Geschmack hatte, als heutzutage. Damals soll er in meinen Augen „als so sauer" gegolten haben, „dass er den Halz zusammenziehe". Tatsache ist jedenfalls, dass ich manch gutem Freund ein paar Flaschen oder Fässer vom Reinweine schickte, so am 18. April 1764 an General Fouqué. Als König gab ich der Hoffnung Ausdruck, der Wein möge ihm gut bekommen. Wörtlich schrieb ich meinem Freund Baron Heinrich August de la Motte

Fouqué: „Hier sende ich Ihnen, Ihrem Verlangen gemäß, den Essigwein vom Rheine her. Ich wünsche, daß er Ihnen Kräfte geben und Ihre Gesundheit wieder herstellen möge." Also lässt sich daran auch heute noch deutlich erkennen, dass ich zumindest den Rheinwein als gesundheitsfördernd einschätzte. Ja, ich schenkte gar einem meiner rheinischen Grenadiere einen ganzen Weinberg und dazu ein kleines Winzerhaus, errichtet nach dem Vorbild einer chinesischen Pagode. Mein Grenadier bat mich anno 1768, ich möge ihm die Gunst erweisen und erlauben, dass er unterhalb des westlich von Sanssouci gelegenen Höhenzug einen "Weinberg auf Rheinländische Art mit besten Reben" errichten dürfe. Ich gewährte ihm diese Gunst und ließ tatsächlich am Südhang des Klausberges eine 200 Meter lange Fläche terrassieren. Aber leider misslang der Wein, weil der Winzer es an Fleiß und Geduld mangeln ließ. Schon 1771 ging deshalb der Weinberg in die Verwaltung des Reviergärtners vom Neuen Palais über. Doch auch der Reviergärtner erzielte miserable Erträge und so ordnete ich an, anstelle der Rebstöcke Pfirsiche und "Azaroli Äpfel" zu pflanzen. Trotz alledem liebte ich noch über viele Jahre hinweg den Klausberg. Ich machte immer wieder gerne Ausflüge, „dortem" wo mein Drachenhaus stand. Denn das Drachenhaus und das Belvedere auf dem Klausberg waren meine letzten Schlossbauten in Sanssouci. Sie entstanden zwischen 1770/1772 durch eine Baumeister Karl Philipp Christian von Gontard und Georg Christian Unger, ganz im Sinne meiner "Chinoiserie". Das achteckige Erdgeschoß und drei Laternengeschosse sind verziert auf den Dachkanten mit sechzehn vergoldeten Drachen und Glöckchen. Als Vorlage zum Bau diente ein Stich des berühmten englischen Parkes von Kew, den ich in meiner Büchersammlung fand. Vorbild für mein Drachenhaus war letztlich die berühmte chinesische Ta-Ho-Pagode aus Kanton. Dieser majestätische Bau sollte das glückliche Quartier meines Weingärtners sein. Doch Flora und Pomona waren ihm nicht hold. In meinen Landen förderte ich leidenschaftlich den Weinanbau. Der Prediger Gerlach rühmte meinen Weinbau gar sehr. Meinen „1744 angelegten Weinberg nennt er einen unvergleichlichen", es wären überhaupt „an königlichen Weinbergen elf, an bürgerlichen dreißig vorhanden, alle im besten, vorzüglichen Zustande. Der in bedeutender Menge produzierte Wein wurde in fremde Länder verschickt. " Er fügte hinzu: „Nach Cato" gehörten „zu einer wohlangelegten Stadt neunerlei, und unter diesen neun Beglückungen steht der Weinbau obenan. Darin aber glänze gerade Potsdam vor allen anderen Städten, denn es hätte die ausgezeichnetsten Weinberge der ganzen Mark." Doch im Laufe der Jahre ließ der Ruf der Potsdamer Weinberge nach. Der harte Winter anno 1740 führte zu den stärksten Einbußen seit dem 30-jährigem Kriege. Ich versuchte immer wieder gegen die Vernichtung der Rebflächenkulturen anzugehen. Mit größter Sorgfalt legte ich wie meine Vorfahren Weinberge an. Inmitten der Weinberge von Potsdam ließ ich meine Gruft erbauen und aus dem zuerst als Winzerhaus gedachten kleinen Bauwerk in der Einöde von Potsdam wurde mein weltberühmtes Schloss Sanssouci. Zuerst ward der Weinberg, erst dann das Schloss. „1763 erfolgte die Einrichtung eines Weinberges am Obelisk." Was folgte ist von 1769 bis 1770 „der Weinberg beim Hopfenkruge am Neuen Palais durch den früheren Grenadier Werle". Meine Weinberge versuchte ich durch „sogenannte Talutmauern" in ihrer Wirksamkeit zu bereichern. „Im Sanssouci-Weinberge hatten die einzelnen Mauern teils parabolische Form erhalten, um zu allen Jahreszeiten beim verschiedenen Sonnenstande den Stöcken nacheinander Licht und Wärme senkrecht zuzuführen." Noch kurz vor meinem Tode ließ ich in der Nähe des Neuen Palais in Potsdam einen neuen Weinberg anlegen. Bei einem meiner letzten Ausritte, im Mai anno 1786, gelang es mir trotz Krankenstand, den neuen Weinberg vom Pferd aus in Augenschein zu nehmen. Die beständige Vergrößerung der Residenzstadt führte zum Rückgang der Weinbaukulturen in und um Potsdam. Missernten mit leider nur mäßigen Erträgen schreckten die Weinbauern und die Weinstöcke wichen dem Anbau von Obstbäumen, besonders der Kirschen, „die für hiesigen Boden meist einen günstigeren Ertrag gewährleisteten."

Champagner floss reichlich an meiner Königstafel. Hauptsächlich in jungen Jahren fand ich besondere Zuneigung am prickelnden Genuss des als königliches Getränk geltenden Sekts. Meine Champagner-Feste versprachen stets große Heiterkeit und lösten die Zungen der Zecher. „Einige Gläser Champagner versetzen uns in die Laune der heitersten Späße." Eingehend schildert dies der Hofchronist. Dabei beruft er sich auf meinen Freund Bielfeld, der von der „Champagner-

Erleuchtung" schwärmte, vom „Sillerychampagner", den er an meiner Seite genoss. Dieser sprudelnde Wein aus Frankreichs nördlichstem Anbaugebiet, aus dem Ort Sillery. Er war „so klar, wie Felsenwasser".

Der Genuss von Champagner generierte an den Höfen Europas im Rokoko „á la mode", gleichsam beliebt bei Fürsten wie den Mätressen. Er war der besonders geschätzte Stimmungsmacher für gehobene Festlichkeiten und geradezu unverzichtbarer Bestandteil jedweder Kavalierstour. Gut gekühlt und mit Eiswasser versetzt habe ich ihn sehr als eine Art Sektschorle geschätzt. Doch erhielten meine königlichen Gäste das neumodische Hofgetränk, den edlen „Champagner" nur, wenn ich es „ausdrücklich befahl". Mein Bemühen war durch den Versuch gekennzeichnet, bei allen meinen Tafeleien ein Licht in den Köpfen anzuzünden, zu einer Illumination des Geistes beizutragen. Der prickelnde „Sect" beförderte diese geistige Erleuchtung sehr. Es wurde gefeiert, bis an den Armleuchtern „die Lichter erloschen sind und dafür eine leichte Champagnerillumination in unseren Köpfen begonnen hat!"

„Sect" kam ursprünglich „von den kanarischen Inseln" an den preußischen Königshof. Unter der Bezeichnung „Vin Sec" wurde er in Säcken transportiert, weil es leichter war, den kohlensäurehaltigen „Wein in ledernen Säcken oder Schleuchen" abzufüllen als in Flaschen oder Fässern. Der von der kanarischen Sonne verwöhnte süße „Sect" kam goldfarben oder kristallweiß an die herrschaftlichen Tafeln. Die Franzosen veredelten den „Sect" im anbrechenden Rokokozeitalter zum unverwechselbaren Champagner und zogen ihn in zweiter Gärung in Flaschen. Sie wurden mit lautem Knall geöffnet, um sogleich aus wertvollen Kristallflöten vernascht zu werden.

In meiner ersten Lebenshälfte köpfte ich als junger Friedericus so manche Champagnerflasche. Leider musste ich später den Champagnerkonsum einschränken, weil meine Ärzte mir zur Mäßigung rieten. Mit zunehmendem Alter plagten mich Magenkrämpfe, oftmals im Anschluss an übermäßigen Champagnertrunk. Trotzdem musste bis ins hohe Alter an meinem Nachttisch eine Flasche Champagner zur Verfügung stehen.

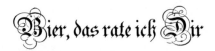

Bier, das rate ich Dir

Zu meiner Regierungszeit galt in Preußen das Bier als Grundnahrungsmittel. Es wurde nicht nur zum Trinken benutzt, sondern landete in vielfältiger Form in den Töpfen und Kehlen meiner lieben Landsleute. Insbesondere der durstigen Berliner, die glatt meinten „Bier is ooch Stulle". Was soviel bedeuten soll wie: Bier ist flüssiges Brot. Eine Molle Bier zum Durstlöschen war auch am preußischen Königshof salonfähig.

Als ganz hervorragenden Durstlöscher betrachteten dahero meine Vorfahren bereits die Berliner Weiße. Es ist ein Weißbier, von dem der Heferückstand gründlich abgeschöpft ist. Diese Weißbierveredelung ging als „Champagnerweiße" in die Geschichte cin. Folglich nannten die nach Berlin eingewanderten Hugenotten das berlin-brandenburgische Weizenbier „Campagne du Nord". Das spritzige preußische Weißbier aus Weizen- und Gerstenmalz wurde zu meiner Zeit in hohen Stangengläsern mit buntem Deckel serviert. Doch im Jahrhundert nach mir änderte sich die Form in eine fußlose Wanne mit weißem Rand, in die mehr als zwei Liter Weizenbier gefüllt wurden. Später kultivierten die Berliner diese Wanne in eine vornehmere Schale mit Stil, aus der noch heute das Berliner Weißbier getrunken wird. Damals wie heute war beim Einschenken des Weißbieres darauf zu achten, dass der Schaum des Bieres am obersten Rand der Bierschale abschloss. Angereichert wird die Berliner Weiße mit einem ordentlichen Spritzer Himbeer- oder Waldmeistersaft. Schon der schwedische Feldherr Wallenstein vermochte die erfrischende Wirkung der Berliner Weiße zu schätzen.

Bier wurde in Preußen nicht nur zum Trinken genossen, sondern ebenso zum Kochen. Bis heute unterscheiden viele zwischen der Bier- und der Weinküche. Jedenfalls der wohl unterwiesene Koch wird Bier und Wein zur Speisebereitung zu schätzen wissen, mehr als das oft verunreinigte Wasser. Für den Hausgebrauch brauten zu meiner Zeit viele Hausfrauen ihr Bier noch selber.

Ein Großteil der Preußenkinder wurde mit Biersuppe aufgezogen. Mir erging es nicht anders. 1779 empfahl ich dem Magistrat von Halberstadt, mehr zur Verbreitung der Biersuppe beizutragen. In einem Brief schrieb ich: „...übrigens sind Seine Majestät höchstselbst in der Jugend mit Biersuppe erzogen, mithin können die Leute dorten ebensogut mit Biersuppe erzogen werden." Biersuppe bereiteten in Brandenburg-Preußen die Köche damals, indem sie Butter und Mehl leicht bräunten und mit 1 Liter Bier aufgossen. Als Gewürze fügten sie Ingwer, gestoßenen „Zimmt", Salz und Muskat hinzu. Eine Viertelstunde köchelt es nur, dann galt es Eigelb, etwas Zucker nebst abgeriebene Zitronenschalen dazuzugegeben. Die Biersuppe lässt sich auch mit Milch, „geriebenem Schwarzbrod" und Korinthen anreichern. Allerdings achteten meine Hofköche darauf, die Berliner Biersuppe mit ihren Zutaten „durch ein Sieb" zu geben. Hernach, unmittelbar vor der Konsumtion, warfen sie in die servierfertige Biersuppenschüssel geröstete Weißbrotschrippenwürfel hinein.

Als Fridericus Rex förderte ich das Bierbrauhandwerk, obwohl ich nicht so zu den exzessiven Biertrinkern zählte, wie mein Vater durchaus einer war. Bierkonsum in Maßen entsprach eher meiner Lebenshaltung. Die Übertreibungen meines Vaters waren mir zeitlebens zuwider.

Mein Vater erfreute sich geradezu an stundenlangen Saufgelagen. Eigens gründete er zusammen mit dem Sachsenherrscher und

Polen König August dem Starken während der Karnevalszeit 1728 eine „Gesellschaft zur Bekämpfung der Nüchternheit". Sie nannten diese bierselige Runde „Sociéte des antisobres". Zum Präsidenten dieser Biertrinkervereinigung machten die königlichen Zechkumpanen den preußischen Minister Friedrich Wilhelm von Grumbkow. Diese spaßig-ernsthafte Trinkergemeinschaft hatte durchaus politische Hintergründe. Ziel der Sauferei war nicht nur der damit verbundene Genuss- und Unterhaltungswert, sondern es galt vordergründig „die Zunge des jeweils anderen zu lockern" und so aus dem Zechkumpanen Staatsgeheimnisse herauszulocken. So verwunderte es nicht, dass ich später den Präsidenten dieser königlichen Saufvereinigung als österreichischen Spion enttarnte. Biersaufen gehörte „zum guten Ton in Preußen". Doch mein Vater genoss es mit seiner allabendlichen Runde „in unvorstellbaren Mengen." Er „ergötzt sich, wenn Fremde" und Freunde betrunken waren. Zu seinen entsprechenden Saufopfern gehörte immer wieder sein Vorleser Jacob Grundling, den er zum Hofnarren herabwürdigte.

Das konsumierte Bier meines Vaters kam aus Potsdam oder Köpenick. Bei seinen Sauf- und Rauchgesellschaften lagerten die Fässer im Keller, ein eigener „angeschlossener Zapfhahn" stand „im Versammlungs-raum" allzeit bereit.

Durch meine angeheiratete Verwandtschaft wurde damals am Hofe das Braunschweiger Bier besonders beliebt, der Ducksteiner Hopfensaft. Ich habe es zu manch'deftiger Mahlzeit gerne getrunken. Das „Duck- oder Duffsteiner stammt aus Königslutter am Elm, gelegen im Herzogtum Braunschweig". Der Biername ist abgeleitet vom „Schwammstein", durch den das zum Bierbrauen verwendete Quellwasser sprudelte. Das Ducksteiner Bier zeichnete sich durch einen rauchigen Geschmack aus, der „beim Erhitzen" während des Brauvorgangs über dem Strohfeuer entstand.

Gerne Naschkatze

Kakao und Schokolade entwickelten im Rokoko eine allgemeine Popularität. Die Zuckerbäcker und Likörbereiter galten als die besten Dessertköche. Meinen Zuckerbäcker holte ich aus Italien.

Mehlspeisen und Kuchen wurden mir zum Nachtisch gereicht, beispielsweise beim Abendessen zu Charlottenburg „Butter Gollatschen mit Corinthen", ein Gebäck böhmischen Ursprungs. In Potsdam gab es zum Mittagsmahl als Dessert vor meiner Abreise nach Berlin leckere Eierpfannkuchen. „Plinze" schrieb mein Küchenschreiber auf meinen Küchenzettel vom 21. Dezember 1770. „Plinze" oder „Plinsen" werden diese hauchdünnen in Butter beidseitig hellbraun ausgebackenen Eierkuchen aus Milch, Eiern und Mehl auch heute noch unter meinen lieben Brandenburgern genannt. Bloß mit Zucker, manchmal auch „mit Zucker und Zimmt" bestreut und in einem Topf gestapelt gilt es, sie über dem Feuer warm zu halten, bis sie zur Konsumtion freigegeben werden.

Hingegen Berliner Pfannkuchen, kurz und bündig außerhalb von Brandenburg-Preußen nur „Berliner" genannt, sind eine traditionelle Form des Schmalzgebäcks. Sehr begehrt war diese Berliner Kuchenspezialität „als Silvester- und Karnevalsgebäck". Die Berliner selber sagen bis heute dazu nur Pfannkuchen. Um die Entstehung der Berliner Pfannkuchen rangt sich eine Legende, wonach ich zu Beginn des Siebenjährigen Krieges einen zur Artillerie befohlenen Berliner Soldaten als untauglich zum Kriegsdienst befand. Ich versetzte ihn zur Heeresbäckerei. „Dero" von allerhöchster Stelle befreit von der Last der kämpfenden Truppe soll er aus Dankbarkeit mir gegenüber angefangen haben, aus einem Hefeteig mit Kirschkonfitüre gefüllte kleine Kanonenkugeln zu formen. So sollen um 1756 die ersten aus gut geschlagenem und aufgegangenem Hefeteig geformten weltberühmten Berliner Pfannkuchen entstanden sein.

Bei meiner Eiscremebereitung fügte mein findiger Küchenmeister Noel gerne Hochprozentiges hinzu. Vorzugshalber versetzte er das Gefrorene oder auch Parfait mit bestem Rum, damit es mir besser mundete. Außerdem aß ich gerne Schokolade, besonders habe ich

„in den letzten Jahren" meines „Lebens bey Tag oft kleine Täfelchen trockene Chokolade" konsumiert, wie es einer meiner Zeitgenossen in einer Charakteristik über meine Essgewohnheiten beschrieb. Besonders gerne naschte ich immer wieder von frischem Obst, welches ständig in meiner Umgebung bereitgehalten wurde. Am Liebsten waren mir jedoch Kirschen und Pisang, wie damals die Bananen hießen, die in meinen eigenen Gewächshäusern gediehen.

 Die Konfidenztafel

und mein geheimnisumwobenes „Tischlein deck Dich"

Als König verwirklichte ich mir immer wieder neu den märchenhaften Menschheitstraum vom „Tischlein deck Dich". Wie von Zauberhand geschaffen erstand diese geheimnisvolle Tafel: Ohne sichtbare Diener, erwuchs aus dem Boden emporsteigend ein reichlich gedeckter großer runder Tisch, genannt Konfidenztafel. Meine Hofköche bestückten in der Küche im Berliner Stadtschloss einen großen Tisch mit Speisen und Getränken, um ihn sogleich zu den in der Etage darüber sitzenden Gästen hochzufahren. Die Bodenplatte öffnete sich urplötzlich. Siehe da, vor mir stand die üppig gedeckte Festtafel.
Bereits als Kronprinz konnte ich an einer solchen Tafel speisen. Schon anno 1728 ließ mein Vater im Berliner Schloss "eine kleine Veränderung vornehmen". Anderenorts hatte er „dero" gleichen Tafeleien vernommen und so schuf er im Schloss sich selbst diese sagenumwobene Tafel, "bei welcher kein Diener erscheint, sondern die Speisen und Geräte durch Drücken auf verschiedene Federn nach Belieben vom Boden heraufkommen und wieder verschwinden." Ich konnte es mir damals nicht verkneifen, als mein Vater im August ortsabwesend war, beim Fest der Rosen und Lilien, mich derart beglücken zu lassen. Ich probierte die neue Konfidenztafel aus. Meine Mutter feierte in ihrem Schloss Monbijou und ich hatte mich ins Stadtschloss heimlich zurückgezogen und empfing dort eine der tugendhaftesten Prinzessinnen Deutschlands. Auf den

Tag genau neun Monate jünger als ich ward sie gewesen und ihr kürzlich angetrauter Mann diente als Festungskommandant meines Vaters in Stettin. Er zeigte wenig Interesse an ihrer Anmut, doch ich konnte ihren Verführungsreizen kaum widerstehen. Ihr Name ward Johanna Elisabeth von Holstein-Gottorf. Mein Vater machte bei seiner Rückkehr einen riesigen Skandal aus unserem Treffen, doch ich blieb Johanna Elisabeth und ihrer Tochter Friderike Auguste Sophie zeitlebens verbunden.

Später hielt ich an dieser „sogenannten Maschienentafel" im Schloss zu Berlin immer wieder vergnügliche Runden. Dort speiste ich mit der schönen Barberina, der berühmtesten Tänzerin des 18. Jahrhunderts. Ebenso fanden besondere Familienfeiern in diesem Rahmen statt. Ich veranstaltete am 27. März 1746 aus Anlass der „Geburtstagsfeier der Königin Mutter" dort eine „große Abendtafel". Dieser Tag wurde „mit großer Pracht gefeiert", weil ich in den Jahren zuvor den Geburtstag meiner Mutter nicht mehr mitfeiern konnte. Vor der Abendtafel gab es das historische „Singspiel, der Traum des Scipio". Zwei Tage vor diesen besonderen Feierlichkeiten reiste ich aus Potsdam nach Berlin und verweilte bis zum 28. März 1746 in meiner Residenzhauptstadt.

Mein Huldigungsmahl

In allen Städten meines Königreichs fanden nach meiner Thronbesteigung Huldigungsfeierlichkeiten statt. Bei meiner Huldigungsfeier in Halle sprach mich eine gewisse Dorothea Erxleben an und ersuchte meine königliche Genehmigung, an der Universität ihren Doktortitel erwerben zu dürfen, was „zuvorderst" Frauen verwehrt wurde. Ich war, was das Frauenbild anbelangt, meiner Zeit eine Nasenlänge voraus. Schön und dumm reichte mir nicht, und so erteilte ich der ersten Frau in Deutschland meine Genehmigung promovieren zu dürfen. Zu meiner Zeit hielt in den Berliner Salons der Geist der Aufklärung Einzug und da waren Frauen sehr maßgeblich, beispielsweise Henriette Herz, die am Gendarmenmarkt zu Berlin „salonniérte". Aber es hat noch lange gedauert, bis die Karrieren einer Frau eine Steigerung erfuhren. Erst dieser Tage wurde die erste Frau in Deutschland Kanzlerin. Wer weiß, ob Angela Merkel jemals hätte Kanzlerin werden können, wenn ich nicht „vorhero" Dorothea Erxleben erlaubt hätte, den Doktortitel zu erwerben.

Als Schlesien von Österreich an Preußen kam, da huldigten mir gleichsam die schlesischen Stände als ihrem neuen König. Es war am 7. November anno 1741. Aus diesem Anlass wurde ein „Huldigungsmedaillon" geprägt. Allerdings ausgewiesen mit dem Datum vom 31. Oktober 1741, dem ursprünglich für die Feierlichkeiten vorgesehenen Tag. Doch ich verschob die „Landeshuldigung in Breslau im Fürstensaal" des Rathauses, weil ich die noch nicht vollzogene Übergabe der Stadt Neisse abwarten wollte. Aus diesem Grunde verzögerten sich die Feierlichkeiten um eine Woche. Zu meiner „Ankunft hatten sich die Zünfte der Stadt versammelt, um mich als ihren König, der über Ohlau erwartet wurde, festlich zu empfangen. Der Einzug, welchen blasende Postillons eröffneten" war für die ganze Stadt ein riesiges Schauspiel. Der Chronist berichtete: „Vor dem, mit 8 Pferden bespannten Wagen, in welchem sich der König, sein Bruder August Wilhelm und der Prinz von Braunschweig befanden, gingen 4 Läufer in Staatslivree. Hinter dem Wagen des Königs folgte der des Fürsten Leopold von Dessau und die übrige Suite."

Der große Ball mit klassischer „Redoute" fand am Tag nach meiner königlichen Ankunft im „Lokatellischen Hause" statt. In den viereinhalb Tagen wurden allein an meiner königlichen Tafel nach den Aufstellungen des Küchenschreibers konsumiert: 340 Pfund Rindfleisch, 74 Ochsen- und Hammelzungen, 43 Hammelschwänze, 147 Hühner, 38 Kapaunen, 36 Fasane, 24 Tauben, 18 Enten, 5 Gänse, 96 Pfund Schinken, 149 Pfund Speck, 208 Zitronen.

Doch gefeiert wurde in der ganzen Stadt, nebst „Illumination und Feuerwerk". Der Stadtkoch Riegbe errichtete für die Allgemeinheit auf dem Breslauer Neumarkt eine große Kochstelle, auf der er „einen ganzen Ochsen gebraten" hatte. Der am Spieß gebratene Ochse war gefüllt „mit Fasanen, Reb- und Haselhühnern, Hasen und Gänsen". Rechts daneben hatte er einen königlich preußischen

Adler „aus großen Vögeln und Lerchen" geformt. Links waren die Worte „Friedrich Rex" zu lesen, sowie ein polnischer Adler und das Dessauische Wappen neben „dem Stadtwappen". Zur „Illumination hatte ein Schlächter ein Bild aufgestellt", welches ihn selbst darstellt, wie er einen Ochsen schlachtet. Darunter schrieb er auf Grobschlechterart die Worte: „Wer mir wird den König von Preußen verachten, den will ich wie diesen Ochsen schlachten".

Die Hoffeste

Gelegenheiten für Feste am Hof zu Berlin boten sich viele. Selten versäumten meine Berliner mögliche „Vergnügungen und Lustbarkeiten". Entsprechende „Veranlassungen" gab es regelmäßig, beispielsweise zu Geburts- und Namenstagen meiner königlichen Familie, hinzukamen „andere ausgezeichnete Tage der lebenden Personen des königlichen Hauses". Gefeiert wurden die Hoffeste meistens in Charlottenburg,  in den Stadtschlössern von Berlin und Potsdam und im Neuen Palais von Sanssouci. Berlin sah „ausserordentliche und feyerliche Gastmahle" besonders immer dann, wenn ich Besuch von meiner Familie bekam, oder auch ausländische Würdenträger mir meine Aufwartung machten. Einen Höhepunkt der Feierlichkeiten am Hofe zu Berlin bildeten die Maskenbälle, „Redouten" genannt. Sie wurden besonders ausgelassen im Berliner Schloss zur Karnevalszeit gefeiert, die in der Vorweihnachtszeit ihren Anfang nahmen.
An solchen Festtagen wurde meine königliche Tafel entsprechend erweitert. Dann gab es nicht nur die sonst üblichen acht Schüsseln, sondern es „wurden wohl 12, 20 ja 30 Schüsseln aufgetragen". Ein Anlass zu derartiger Tischerweiterung beim Königsmahl konnten auch meine Inspektionen sein, die ich regelmäßig im Tiergarten

vornahm, wo die Armee zu „Kriegsübungen und Musterungen" vor mir aufmarschierte.

Das Hochzeitsmahl

Die schönsten Hoffeste stellten die Hochszeitsfeiern dar. Am 6. Januar 1742 wurde in Berlin die Hochzeit meines Bruders gefeiert. August Wilhelm ehelichte meine Schwägerin, die Prinzessin Luise Amalie von Braunschweig-Wolfenbüttel. Es wurde gewaltig aufgetischt beim Hochzeitsmahl zu Berlin. Mein Freund, der „Geheime Legationsrath von Bielfeld, hielt die so genannte Strohkranzrede, eine Gewohnheit, die sich seitdem verlohren hat, damals aber noch viel Werth hatte." Es war eine humoristisch vorgetragene Lobrede auf das Brautpaar. Ich hatte persönlich meinen Freund Bielfeld ausdrücklich gebeten, diese Strohkranzrede zu halten. Bei „dero" Hochzeitsfeiern wurden natürlich immer reichlich Geschenke verteilt. Als mein Bruder Prinz Heinrich in den Bund der Ehe trat, da schenkte ich ihm das später nach ihm benannte Prinz-Heinrich-Palais "Unter den Linden" zu Berlin. Eigentlich sollte es mein Königsschloss zu Berlin werden, doch als es fertig war, da hatte ich kein Interesse mehr daran und gab es meinem Bruder als Berliner Residenz. Mein Großneffe Friedrich Wilhelm III. stiftete es als Universitätsgebäude und noch heute beherbergt es die Berliner Humboldt-Universität. Ich selber erhielt von meinem Vater bei meiner Hochzeit mit der Prinzessin von Braunschweig-Bevern das Berliner Kronprinzen-Palais "Unter den Linden" geschenkt. Dort ward ich dann der erste Bewohner. Trotz vielfältiger Zerstörungen ist es bis heute am historischen Ort vorhanden.

Weihnachten in Berlin

Weihnachten und Silvester habe ich regelmäßig in Berlin gefeiert. Meistens weilte ich vorher in Potsdam. Spätestens ein paar Tage vor Weihnachten machte ich mich auf den Weg nach Berlin. So auch am 22. Dezember des Jahres 1770. Gleich nach dem Frühstück verließ ich Potsdam und schon das Mittagsmahl nahm ich in Berlin ein. Zwei Tage später, am Heiligabend, galt es festlich aufzutischen. Zum Mittagsmahl des 24. Dezember anno 1770 bereitete mir meine Berliner Hofküche eine „Suppe von Hammel mit Rüben". Als Vorspeise bekam ich „Cappaunen mit Austern" serviert. Sehr wohlschmeckend war das danach folgende „Rindfleisch mit Meerrettich". Weiterhin konsumierte ich beim Mittagsmahl gebratene „Haßelhüner", „Caviar" und „Trüffeln". Meine Hunde bekamen Milch, „Hüner" und Kalbsbraten aufgetragen. Einen Tag später, am 25. Dezember anno 1770, fand am Abend dann das große Festmahl statt, die „Redoute". Doch zum vorhergehenden Mittagsmahl habe ich noch „by ihro königlichen Hoheit der Prinzessin Amalia gespeiset", wie mein Küchenschreiber sorgsam in den Küchenanalen festhielt.

Zur „großen Redoute" am Abend des 25. Dezembers anno 1770 gab es zwei große Tafeln. Besonders mundeten mir dabei die „Cappaunen mit Austern", die „Fricadons" vom Kalbfleisch, die Hammelkeule und die „Hannöversche Wurst". Mittags am 26. Dezember verspeiste ich dann erneut „Austern" sowie „Trüffeln a l' Espagnol" und „Caviar". Am Abend gereichten mir sinnigerweise meine Berliner Hofköche „Hammel ala pompadour".

Königliche Silvesterfeiern

Silvester feierte ich meistens in Berlin. Meine dortige Schlossküche sorgte bestens für einen kulinarisch ansprechenden Übergang ins neue Jahr. Mittags am Silvestertag des 31. Dezember 1770 konsumierte ich Rindfleisch, ein Filet vom Hammel und gebratene Rebhühner. Am Abend der Silvesternacht mundete mir besonders gut ein „fricassei von Hünern" mit einer „Sauce hacheé", wie es mein Küchenschreiber für die Nachwelt festhielt. Außerdem gab es „Austern" und ein gebratenes „Kalbsnierenstück" sowie einen „Sardellen Salath".

Karneval und Maskerade zu Berlin

 Karneval in Berlin war zu meiner Regierungszeit ein kulturelles Ereignis erster Ordnung, zelebriert in Form von Maskenbällen. Schon damals waren in Berlin nahezu alle Nationen vertreten, real und manchmal auch nur in Maskengestalt. Gefeiert wurde an verschiedenen Orten, oftmals „im Königsschloss zu Berlin oder im königlichen Opernhaus „Unter den Linden". Literaten späterer Zeiten vermerkten dazu: „Man sah Griechen und Türken, Spanierinnen, Odalisken, Russinnen und deutsche Bäuerinnen jeglicher Art und Tracht, wunderbare Märchengestalten, goldflimmernde Feen, Zauberinnen und Zigeunerinnen, ernste Mönchsgestalten, altdeutsche Ritter in silbernen Panzern, züchtige Burgfräulein und verschleierte Nonnen." Hinter den Kostümen verbargen „sich die von Lebensfreude strahlenden Gesichter" der Festgesellschaft.

Selbst ich als König beliebte es, meine „Toilette" zu vollenden und mich „in eine Maske" zu verwandeln. Um nicht als Herrscher erkannt zu werden, zog ich allen anderen Feiernden gleich „die Maske über die Augen". Nur zu gern mischte ich mich „unter die Masken", um wenigstens einen Augenblick lang unerkannt zu bleiben und unbeschwert im Schutz der Masken mein königliches Amt zu vergessen. Durch die Verkleidung tritt die Alltagspersönlichkeit in den Hintergrund. Der Karneval bot für alle Feiernden die einzigartige Möglichkeit, an die Stelle des Seins den Schein zu setzen. So ließ sich im Karneval über Standesgrenzen hinweg ausgelassen feiern und die Not des Alltags vergessen. So konnte aus einem Fürst ein ungehobelter Bauer werden und aus einem Bauern ein König. Selbst Geschlechterrollen verwandelten sich im Schutz der Karnevalsgesellschaft. Es konnte ein Mann im Frauengewand verzaubern und Frauen nahmen Männergestalt an.

Gemäß dem menschlichen Bedürfnis für eine gewisse Zeit eine

erfundene Identität anzunehmen, einen Tag oder auch nur ein paar Stunden lang die Alltagskleider abzulegen, bot der Karneval den Rahmen für ein bewußteres Freizeitvergnügen jenseits von billigem Oberflächenzauber. Die Maskerade ließ aus uns einen Anderen werden. Sie bot die Möglichkeit, über Generationen hinweg in die Welt der Verstorbenen vorzustoßen. Ja, sie ließ uns unter gewissen Umständen sogar bis in die Seelen der Verstorbenen vordringen. Durch die Wiederaneignung traditioneller Kostüme stellte sie einen Sprung in die Vergangenheit dar und ließ Verstorbene als lebendige Maske in die Welt der Lebenden zurückkehren. Unter ihrem Schutz karikierten sie die Wirklichkeit. Denn aus der Karikatur der Maske erwuchs für uns eine besondere Form der Gesellschaftskritik und bot die einzigartige Möglichkeit, sich über herrschende Gesellschaftszustände lustig zu machen. Gleichzeitig war es eine Projektion unserer verborgenen Träume. Und manchmal kommt so im Schauspiel unter der Maske unser unterdrücktes „Ich" zum Vorschein. Damit erfüllt die Maske nicht nur schmückendes Beiwerk, als ein aufgesetztes Gesicht, sondern vermag einen tieferen Sinn zu erfüllen und das wahre unterdrückte Gesicht zum Vorschein zu bringen. Die Maske war für uns ein Mittel, mit dessen Hilfe wir verborgene Träume und Sehnsüchte projizieren konnten. Hinter der Maske erholte sich unsere Seele mit Tanz, Klang und Gesang von aller Alltagsplagerei und von den uns beschwerenden Gedanken.

Viele betrachteten die Karnevalszeit auch in einem religiösen Sinne. Abgeleitet vom lateinischen Wort „carnem levare", was soviel bedeutet, wie „vom Fleisch lassen". Ursprünglich sollte es das Abschiedsmahl vom Fleisch sein, was auch in Berlin am Faschingsdienstag eingenommen wurde, dem Abend vor Aschermittwoch. Wenn auch seit dem Mittelalter diese Bedeutung in den Hintergrund getreten ist, so blieb doch vor den Entsagungen der österlichen Fastenzeit die Möglichkeit zu uneingeschränktem Genuss des Essens und Trinkens. Die Karnevalsfeierlichkeiten zeichneten sich durch einen Überfluss an dargebotenen Speisen aus, getragen vom Vergnügen in Gesellschaft zu speisen.

Mein gewöhnlicher Verdauungsspaziergang

Meine mir selbst auferlegte „Leibesbewegung bestand im Reiten und Gehen". Ein Zeitzeuge berichtete, ich „ging bey guter Witterung auch im Garten herum". Nach der Mittagsmahlzeit oder auch nach der anschließenden Kaffeetafel war es üblich, einen Spaziergang zu unternehmen. Gerne pflegte ich „im Garten mit drei Windspielen spazieren zu gehen", also meine Hunde auszuführen. Eine schöpferische Pause oder einen Verdauungsspaziergang in neu angelegten Gartenanlagen zog ich als König einem Mittagsschlaf vor. Nachgeborene Hofchronisten merkten an: Manchmal „wanderte Friedrich dann ein oder zwei Stunden lang, theils Flöte blasend, theils Obst" essend.

Nicht nur meine Armee nutzte den Tiergarten für Exerzierübungen und Heerschauen, sondern hier konnte bis in die Puppen gefeiert werden. Ich machte aus dem Berliner Tiergarten bereits als junger König einen öffentlichen Spaziergarten. Mein Vater nutzte das Gelände zwischen Charlottenburg und der Berliner Stadtgrenze am Brandenburger Tor noch als königliches Jagdrevier, wo er manchen Bock geschossen hat. Der neu angelegte Tiergarten als Spaziergarten entwickelte sich schnell als beliebtes Ausflugsziel nicht nur der Hofgesellschaft, sondern galt gleichfalls als Anziehungspunkt für Berliner und Berlin-Besucher. Selbst der Schriftsteller Johann Wolfgang von Goethe verweilte im neu angelegten Tiergarten. Als der Schriftsteller 1778 der preußischen Residenzhauptstadt seine Aufwartung machte, war es ihm ein inneres Bedürfnis, den viel gepriesenen Tiergarten als Spaziergarten in Augenschein zu nehmen. Ebenso amüsierte sich im Tiergarten bereits der Lebemann und Schriftsteller Giacomo Casanova. Er stolzierte 1764 durchs Brandenburger Tor und spazierte „Unter den Linden". Ich hatte ihm angeboten, Direktor an meiner königlichen Kadettenanstalt zu werden. Doch Casanova lehnte dankend ab. Es wäre ihm wohl lieber gewesen, ich hätte ihm den Posten als Direktor eines Berliner Mädchenpensionates angeboten. Fluchtartig verließ Casanova Berlin in Richtung St. Petersburg.

Durch Fastenkuren versuchte ich mich zu regenerieren. So trank ich nicht nur Brunnenwasser, sondern fuhr auch zur Quelle, um dort an Ort und Stelle die Heilwirkung des Wassers zu verspüren. Im September 1742 unternahm ich „eine Reise nach Aachen", wo ich, „der angegriffenen Gesundheit wegen, den dasigen Brunnen gebrauchte". Brunnenwasser trank ich regelmäßig, wobei ich ihm etwas Geschmack verlieh, indem ich ihm Fenchelwasser hinzufügte. Ein „wenig destillirtes Fenchelwasser" gab ich gerne in mein Tafelwasser, vorzüglich in meinen „letzten Lebensjahren".

Als leichte Kost bei Unwohlsein konsumierte ich auch schon mal „Zwieback" und Butter.

„Magenkrankheiten und Koliken" plagten mich mal mehr, mal weniger. Die Ärzte sahen in meinen Tafelfreuden den Grund für derartige Beschwerden. Für die Hofchronisten stand fest: Die Köche waren meine „gefährlichsten Feinde." Ich machte mit „den Ärzten ungemein viel durch". Sie wollten mich ständig belehren, weil mir meine „Diätfehler zu schaffen" machten. Als Schlemmer beantwortete ich die Entsagungsratschläge meines Leibarztes „nonchalant": „Was will er eigentlich, mein Paracelsus!? Der gute Fredersdorf hat stets die Diät befolgt und ist trotzdem gestorben; ich aber lebe immer noch! Also gönn er mir doch das bißchen Gaumenplaisir." In den Augen der Ärzte waren meine Genussfreuden unangemessen. Doch mein Motto lautete unanfechtbar: „Alles wohl erwogen, ist gute Verdauung wichtiger". Im Zweifelsfall „curirte" ich mich „selbst mit China"-Mitteln, die seitdem „von den Ärzten mit Vertrauen empfohlen" werden. Ich „las auch dabei immer medicinische Bücher" und zog bei meinem Freund „de la Mettrie, der Arzt war, Rath ein." 1775 bekam ich von Freunden aus Marseille ein besonderes „Mittel gegen das Podagra". Meine Antwort lautete: „ich danke vor der Cuhr und laße die natur Valten." Und von Natur aus aß ich gerne und vertraute meinen Köchen mehr als meinen Ärzten. Einem Breslauer Arzt, der 1757 den Prinzen Ferdinand von Preußen „curirte", sagte ich: „Das wird er nicht läugnen, daß ein jeder Doctor vorher einen Kirchhof füllen muß, ehe er Kranke kurieren kann; sag' Er mir doch, war Sein Kirchhof groß und ist Er mit dem Füllen fertig?" Ich beherzigte den Ratschlag, den schon im Jahrhundert vor mir der kurfürstliche „Leibarzt und Hofbotanikus" Johann Sigismund Elßholtz gab, „daß es besser" sei, „seine Medizin aus der Küche" anstatt „aus der Apotheke zu beziehen".

Noch in meinen letzten Lebenstagen widersetzte ich mich den strengen Diätvorschriften meiner Ärzte. Eigens aus Hannover wurde 1786 der berühmte Medikus Ritter von Zimmermann zu mir gerufen. Drei Wochen vor meinem Tode traf er ein. Er verordnet mir „eingekochten Löwenzahnsaft" zur Entschlackung, weil ich an Wassersucht litt. Nur widerwillig nahm ich den Saft ein. Ich fühlte mich aber „hernach" sichtlich „besser, verspürt aber sofort einen Bärenhunger, den Noel mit teuflisch scharfen Gerichten stillen muß." Ausdrücklich weigerte ich mich, mir von meinen Ärzten einen Diätplan aufzwingen zu lassen. Noch kurz vor meinem Tode werde ich meinem Ruf als wahrer Genießer gerecht, denn am Abend zuvor ward nochmals kräftig aufgetischt.

Meine Speisen auf Reisen

Als König beliebte ich in einer achtspännigen Kutsche zu reisen. Ich nächtigte bei Freunden, bei Offizieren meiner Armee oder in Gasthöfen. Ich suchte Augenzeugen zufolge auf Reisen „keine Bequemlichkeit", sondern „kehrte in Prediger-Bürger- und Bauernhäuser ein, und bezahlte das Nachtquartier mit 100, das Mittagsquartier aber mit 50 Thalern" und behalf mich „des Nachts" mit einem „mittelmäßigen Feldbette." „Die schlechteste Bauernhütte" betrachtete ich als durchaus passend für mein Quartier, wie nachfolgende Hofchronisten anmerkten. Meine Reisespeise war in der Regel entsprechend bescheiden. König hin, König her, unterwegs sättigte ich mich „ganz einfach", aber trotzdem ging es bei Tische soweit wie möglich „munter" zu, wie Hofberichterstatter beschrieben. Es gab „gewöhnlich gesottne Bräzeln mit französischem Käse, wozu er Tyroler Wein trank." Gut und gerne ersetzte manches mal eine Tasse Schokolade eine warme Mahlzeit. Der Hofchronist erklärte: Auf „Märschen bestand sein Mittagessen in einer Tasse Chokolate."

Bei Bedarf ließ ich meinen Koch Noel hinterher kommen. Im Dezember 1757 orderte ich den Maitre nach Breslau. Ebenso wurden mir auf Reisen die besonders geschätzten Küchenprodukte nachgeschickt, beispielsweise meine so sehr geliebten Kirschen. Zwölf Kästchen zum Transport der Kirschen kaufte mein Gärtner Salzmann im Januar 1781, damit die Kirschen wohlbehalten in Schlesien ankamen, wo ich mich gerade befand.

Aber nicht nur die Nachsendung der von mir so sehr geliebten Kirschen veranlasste ich auf meinen Reisen, ebenso verfuhr ich mit herzhafteren Küchenprodukten. Auf der Fahrt von Berlin nach Breslau ließ ich mir am 21. März des Jahres 1743 ausdrücklich drei Leberwürste „zur kalten Küche" als Proviant anliefern.

Auf Reisen war natürlich nicht immer frisches Brot zur Hand und da schätzte sich manch' Reisender meiner Zeit glücklich, wenn er etwas Zwieback zur Hand hatte. Dieses ist ein geröstetes Brot oder Gebäck, was durch backen und rösten aus Mehl und Milch hergestellt wird. Das bekömmliche Röstbrot konsumierten meine Zeitgenossen nicht nur als Krankenkost nach Zechgelagen, sondern ebenso als Reiseproviant. Vielfach wurde mir Zwieback auf meinen Provinzreisen angeboten, so in Frankfurt an der Oder, am Donnerstag, dem 21. März anno 1743. In meinen Schlössern habe ich durchaus in den einen oder anderen Zwieback gebissen, möglichst mit Butter. „Derogleichen" gab es beispielsweise bei meiner Mittagstafelei in Potsdam am 18. Dezember 1770.

3. Meine tägliche Speisefolge

Mein Frühstück

Kirschen galten, wie mehrfach bekundet, als meine absoluten „Lieblingsfrüchte" und so begann ich meinen „Tagesablauf gerne mit dem Genuß der frischen Früchte".

Zum königlichen Frühstück wurde mir „hernach" kalter Braten serviert. Beispielsweise am 5. November 1741 gab es einen entsprechenden Kalbsbraten. Auch am 9. November wurde Kälberbraten mit Butterbrezeln aufgetischt. In der Regel begannen schon beim Frühstück meine ersten Amtshandlungen als König. Es wurde eine Postbesprechung eingeschoben oder noch während „des Frühstückens wurde der Berliner Rapport" entgegengenommen, also die Berichte aus den Ministerien.

Schilderungen meiner Zeitgenossen zufolge trank ich morgens früh „erst einige Gläser Wasser, in welches in den letzten Lebensjahren ein wenig destillirtes Fenchelwasser gegossen wurde, und nachher 2 oder 3 kleine Tassen Caffee". Eine gewisse Zeit ließ ich mir zum Frühstück „Chocolade" servieren. Doch im hohen Alter meinte ich, sie sei für meine Gesundheit wenig förderlich. Ersatzweise rührte ich aufmerksamen Hofberichten zufolge in „der letzten Zeit" meines Lebens dem Kaffee „einen Theelöffel weißen Senf als Bewahrungsmittel wider den Schlag und fürs Gedächtnis" unter.

Gelegentlich konsumierte ich beim Frühstück gerne auch nur Milch und Kuchen, beispielsweise am 2. Dezember 1770 in Potsdam. Jedenfalls kam am frühen Morgen der Kammerdiener oder ersatzweise der Kammerlakei zu mir "zum Kaffee- und Schokolademachen". Ich wurde gepudert und zog mir noch "keine Uniform, sondern einen Kasakin an, der gemeiniglich von reichem Stoff und gestickt oder reich mit Tressen besetzt war, doch allemal in Silber; die Kouleur war gemeiniglich hellblau." Ich empfing den Berliner Rapport und sah die Briefe meiner Untertanen durch, die sie an mich hilfesuchend richteten, dabei frühstückend genoss ich "Kaffee, auch Schokolade". Bald darauf brachte mir dann der

Küchenchef höchst selbigst oder auch manches Mal der Kämmerer den Küchenzettel, wenn ich ihn nicht schon am Abend zuvor erhalten hatte. Darauf stand das Mahl, was mir Monsieur Noel oder sein Stellvertreter mir am Mittag zu servieren gedachte. Letztendlich gab ich in diesem Augenblick ausdrücklich meine eigenen Orders, was ich zu Speisen wünschte. Mein Küchenchef las mir jedes Mal geradezu meine Wünsche von den Augen ab.

Mein Mittagsmahl

Selten speiste ich als König mittags alleine. Die Gäste wurden üblicherweise „um zehn Uhr eingeladen". Die königliche Mittagstafel „war mehrentheils mit 7 bis 10 Personen besetzt" und begann meistens um 12 Uhr. Aber wenn ich „grosses Verlangen nach den bestellten Speisen hatte", konnte es schon mal „eine Viertelstunde früher" beginnen. Spätestens wenn sich alle versammelt hatten, um Schlag zwölf Uhr, begab ich mich zur Tafel. Meine Tischgenossen „unterhielten sich dann mit einem oder mehreren der Anwesenden, bis die Tafel" dann „in dem an diesen Saal stoßenden Zimmer durch den französischen Küchenmeister Noel oder Goijard, die sich wochenweise abwechselten, serviert war, und setzten sich alle Zeit um zwölf Uhr an die Tafel, die oft mit nur sechs gewöhnlich oder mit acht Schüsseln auf zweimal und dann mit einem Dessert besetzt wurde." Die Zeit, wo ich an meiner Tafel verweilte, „war unbestimmt und verschieden, nachdem es teils die Geschäfte erlaubten oder der Diskurs mit der Gesellschaft" zu „angenehm und unterhaltend war, in welchem letzteren Fall die Tafel wohl bis vier Uhr und noch oft später dauerte." So konnte meine königliche Mittagstafel drei, manchmal gar bis zu vier Stunden und länger andauern. Dabei erlaubte ich meinen Gästen durchaus, abtreten zu dürfen und sich wieder setzen zu dürfen. Manches Mal konnte die Tafel aber auch schon nach einer Stunde beendet sein. Ein Zeitzeuge, der preußische Oberkonsistorialrat D. Anton Friedrich Büsching, beschrieb meine mittägliche Tafelrunde mit den Worten: „Vertiefte Er sich ins Reden und Erzählen, so währete sie bis 4 oder 5 Uhr, ja auch wohl länger.

Er trank während dieser Stunden beständig und fleißig, und also viel, welches aber fast bloß durch die Ausdünstung wieder fortging." Baron von Diebitsch berichtete dem russischen Zaren: „Wenn Se. Majestät von der Tafel aufgestanden, entfernten sich die Gäste bald, und Se. Majestät begaben sich in Ihr Kabinett, um die von den Geheimen Räten expedierten Kabinettsschreiben zu unterschreiben."

Mit zunehmendem Alter enthielt ich mich oftmals der abendlichen Speisefülle, damit wuchs für mich die Bedeutung der Mittagsmahlzeit. So verschob sie sich zeitlich. Es ward dann „Sitte, erst gegen zwei Uhr zu Tisch zu gehen", wie ein Hofchronist anmerkte. Nach dem Ende des Siebenjährigen Krieges konzentrierte ich meinen ganzen Appetit weitgehend auf die reichhaltig gedeckte verspätete Mittagstafel.

Als 1779 der junge Italiener Girolamo Lucchesini nach Berlin kam, berichtete er seiner Mutter am 13. November in einem Brief über „langdauerndes deutsches Mittagessen von etwa drei Stunden". Damit waren keineswegs die üppigen Tafeleinen meiner königlichen Tafelrunde gemeint, sondern das Mittagsmahl in den mehr oder weniger einfachen Berliner Akademiker- und Bürgerkreisen. Denn an meiner Königstafel sollte der nach Preußen gezogene Südländer erst im Folgejahr teilhaben dürfen.

Meine Kaffeetafel

Im 18. Jahrhundert, noch unter der Regierung meines Opas, wurden die als neumodisch stark beargwöhnten Getränke „Kaffee, Tee und Schokolade" ausdrücklich „mit einer Genußsteuer" belegt. Trotzdem entwickelten sich in der Hochzeit des Rokoko-Zeitalters diese exotischen Importgetränke zu ausgesprochenen Modegetränken. Der Triumphzug des Kaffeegetränks machte keineswegs an den Toren und Mauern der preußischen Hauptstadt halt.

Zu meiner Jugend-Zeit befand sich das erste Caféhaus der königlichen Residenzstadt Berlin am Berliner Lustgarten. Dort schlürfte ich heimlich als junger Kronprinz meinen ersten Kaffee. Genau da, wo ich später als König die neue Domkirche errichten ließ, hatte ein Afrikaner das erste Berliner Caféhaus eröffnet. Aufgrund des Kirchbaues verlegte er nach 1747 sein Café in die Straße „Unter den Linden".

Zum Kaffee kleidete sich die Berliner Hofgesellschaft gerne orientalisch und liebte die Ausstaffierung der Caféräume in Anlehnung an Sultanzelte mit „bunt bemusterter Seide" oder ließ orientalische Dienerinnen auftreten, die anschließend aus dem Kaffeesatz die Zukunft „weissagen" konnten. Auch Mohren und mit Turban bekleidete Männer galten als beliebte Überbringer des Kaffeegetränks. Als König gehörte ich zu den regelmäßigen Kaffeetrinkern, nicht nur am Morgen, sondern ebenso am Nachmittag, nach der „Mittagstaflyen". Den Kaffee genoss ich mal „mit, bald ohne Milch". Als junger Kronprinz begleitete ich einmal meinen Vater auf einer Rheinreise. Bei dieser Gelegenheit testete ich, wie lange ich mich mit Hilfe von Kaffee wach halten konnte. Es gelang mir, „mit Kaffetrinken vier Tage lang munter" zu bleiben, dann aber war ich „bei Tische eingeschlafen."

Die Kaffeezeit nutzte ich oftmals in Verbindung mit einem Spaziergang oder dem Musizieren. Der gute Brauch des Musizierens und Spazierens war bis ins hohe Alter ein fester Bestandteil in meinem Tagesablauf,. Entweder vor oder nach der Kaffeezeit ging ich spazieren oder verbandelte beides: Lustwandeln in Verbindung mit Spazieren und Musizieren. An manchem Tag musizierte ich vor der Kaffeetafel eine halbe Stunde.

Drei ganz besondere Kaffeespezialitäten gönnte ich mir als Preußenherrscher. Mein Senfkaffee war durchaus genießbar. Er diente nicht nur „zur Stärkung des Gedächtnisses", wie vielfach behauptet wurde, sondern gleichsam „zum Praeservatif wider den Schlag." Der preußische „Oberconsistorialrath" D. Anton Friederich Büsching meinte, es sei ein „Verwahrungsmittel wider den Schlag" und deshalb hätte ich „einen Theelöffel voll weissen Senff" in meinen „Caffe thun" lassen. Durch untergerührten Senf oder mit kräftiger Pfefferbeigabe konnte ich dem neumodischen Kaffee eine ganz besondere Würze verleihen. Als eine weitere meiner Kaffee-Spezialitäten galt mein Champagner-Kaffee. Gelegentlich ließ ich meinen Kaffee mit gutem Champagner aufbrühen, anstatt mit schlechtem Wasser.

Die Schokolade diente mir zeitweise geradezu als Nahrungsersatz. Besonders in jüngeren Jahren trank ich sie reichlich. Mein königlicher „Resident in Constantinopel schickte" mir einmal eine große Schokoladensendung. Einen Teil davon reichte ich an meinen Freund weiter, dem ich schrieb: „Laß er sich, mein lieber S., dieses Produkt gut schmecken; es kommt von einer Nation, die meine Person werth hält und mein Haus ehrt. Vor zwanzig Jahren habe ich diese Chocolade gern getrunken, nun aber kann ich sie bei meinen alten Tagen nicht mehr vertragen."

Zum Kaffee wurde mir Konfekt und Gebäck serviert. „Kuchen" war mir „besonders angenehm". Ebenso kamen Torten auf meine Kaffeetafel. Ich mochte „Zitronentorte, englische Johannesbeertorte oder auch gebackene Waffeln."

Der Kaffee hatte sich im Verlauf meiner Herrschaft zum Volksgetränk entwickelt. Die von meinem Opa bereits eingeführte Genusssteuer auf Kaffee vermochte den Siegeszug des Türkentranks nicht zu bremsen, obwohl ich den Kaffee mit noch höheren Steuern belegte. Für Privatrösterei verlangte ich ab 1781 einen teuer zu bezahlenden Brennschein. Das Pfund Kaffee kostete „soviel wie ein Pferd." Auf Schwarzrösterei galten hohe Strafen, doch allerorts kam sie in Mode. Die Steuerbeamten schwärmten aus, um illegale Kaffeerösterei aufzuspüren. Die Berliner beschimpften die Kontrollbeamten als „Kaffeeschnüffler" und trotz Verboten blühte ein schwunghafter Handel mit geschmuggeltem Kaffee aus Hamburg und Sachsen, wo er erheblich billiger zu haben war. Wobei die Berliner erfinderisch sind und aus der Not eine Tugend machten. Ein Ersatzkaffee, „Mocca Faux" oder „Muckefuck genannt", sorgte für Ausgleich zum überteuerten Importkaffee. Eine eigens eingerichtete „Kaffee-Administration" wurde errichtet, um mit Hilfe der Kaffeesteuern die Staatskassen zu füllen.

Der Chronist beschrieb die dramatischen Kaffeewirren: „Kaffee wurde von der Regie gebrannt und in gestempelten Blechbüchsen, die vierundzwanzig Loth hielten und einen Thaler kosteten, verkauft. Für den Kaffee bildete sich nun sofort ein Schleichhandel im großen

Style, der sehr demoralisirend wirkte, aber nicht zu unterdrücken war, weil er zu reichen Gewinn abwarf. Während das Pfund Kaffee in Hamburg vier bis fünf Groschen kostete, kostete es in Berlin einen Thaler. Die Contrebandirer führten einen förmlichen kleinen Krieg mit Feuergewehren gegen die Accisebeamten und Aufseher an den Grenzen. Die französischen Inspecteurs, Controleurs, Visitateurs und Plombeurs bei der Kaffee-Administration wurden besonders verhaßt. Man nannte sie nur die Kaffeeriecher. Das Volk rächte sich durch Witze. Man hing am Fürstenhause in Berlin eine Carricatur des Königs in höchst kläglicher Gestalt mit einer Kaffeemühle im Schoß auf. Der König, der gerade die Jägerstraße heraufgeritten kam, bemerkte den großen Auflauf des Volks, ritt näher, lachte und ließ das Bild niedriger hängen, damit man es noch bequemer betrachten könne. Er rief: ‚Hängt es doch niedriger, daß die Leute sich den Hals nicht ausrenken müssen!' Kaum hatte er diese Worte ausgesprochen, als ein allgemeiner Jubel ausbrach. Man riss das Bild sogleich in tausend Stücken von der Mauer herunter und ein lautes, allgemeines ‚Vivat!' begleitete den langsam fortreitenden König. Aber die Kaffeeriecher bleiben, denn die Kaffee-Accise brachte allein über eine halbe Million Thaler ein.“

Schon frühzeitig belegte ich meine südlichen sächsischen Nachbarn mit dem wenig schmeichelhaft gedachten Ausdruck „Kaffeesachsen“. Bereits während des Siebenjährigen Krieges störte ich mich am unbotmäßigen Kaffeekonsum der Sachsen, weil die sächsischen Regimenter Kaffee und „einfache Espressokannen“ als Feldration zugeteilt bekamen. Ich war der Auffassung, meine Soldaten sollten lieber „Bier trinken, wie es zu dem preußischen Klima“ besser passe.

Mein Abendessen

Manchmal bestand meine königliche Tafel zur Abendzeit aus zahlreichen Tischgesellschaften. So sind beim Abendessen zu Berlin am 27. November 1741 „10 Tafeln gehalten worden“. Da wurden ganze zwei Kälber, ein halber Hammel, 40 Pfund Rindfleisch, 49 ½

Pfund Speck, 58 Hühner, 36 Tauben, 18 Enten, 12 Pfd. Schinken und 1 Fass Austern, 68 Sardellen, 20 Bücklinge, 9 Hamburger „Cappaune", Hamburger Poularden, Trüffel und Hummer verdrückt. Zum Dessert gab es „Kirsch-Confect", „Tourtelletts a la Creme" und Florentiner aus Mandeln. Das Abendessen schloss ich oftmals mit „Butter und Käse" ab. Dies war durchaus nach meinem Geschmack, so geschehen am 3. Dezember 1770 zu Potsdam. Zusätzlich gab es häufig noch eine „Kalte Küche". Sie hielt mir am 23. Dezember 1770 „Butter und Hammelbraten" bereit. Der Hammelbraten muss mir wohl sehr gut gemundet haben, denn auch die nächsten beiden Tage stand dies für mich zur „Kalten Küche" bereit.

In der Regel fiel die abendliche Tafel im barocken Kerzenschein nicht ganz so üppig aus, dann mussten acht Schüsseln reichen. Auf Reisen ließ ich die Abendtafel oftmals gänzlich ausfallen. Dennoch besaß das Abendessen den höchsten Rang unter meinen königlichen Tafelfreuden. Es begann immer mit der Suppe, es folgten Salat, Fleisch, Fisch, Gemüse- und Sättigungsbeilage sowie Dessert und Käse, der den Magen und die Tafel schloss.

Zur Abendzeit fanden die berühmten geistreichen und lebhaften Tafelrunden statt, um die sich so viele Geschichten und Legenden rankten. Berühmte Geistesgrößen wie La Mettrie und Voltaire kehrten bei mir ein. Mein Freund Voltaire lobte anno 1751 meine Tafelrunden: "Die Soupers des Königs sind köstlich; man spricht da mit Vernunft, Esprit, Weisheit; da regiert die Freiheit." Und der stolze Voltaire fügte hinzu: "Ich soupiere mit ihm in kleinerer Gesellschaft." Oft dauerte die abendliche Tafelrunde „bis nach Mitternacht". Nach dem Mahl nahm der Küchenchef höchst persönlich die „Kritik der Bewirteten" entgegen. Anschließend übergab er mir eine Tafel mit dem Menüvorschlag für den kommenden Tag.

Mit zunehmendem Alter beschränkte ich mich beim abendlichen Mahl. Für meine Gäste beließ ich es aber noch lange bei der gewohnten Abendtafel, die zumeist zur 7. Stunde begann. Aus gesundheitlichen Gründen setzte ich mich dann nur dazu, trank mit meinen Freunden ein „Glas Wein" oder naschte „aus der Konfitürenschale." Worauf die Abendtafel um die 9. Stunde herum beendet wurde. Ich ging dann zu Bett, aber nicht ohne dass ich das Abendessen, mit „Butter und Käse" abschloss. Denn auch dies war durchaus nach meinem Geschmack, so geschehen am 3. Dezember 1770 zu Potsdam.

 Das Hundsmahl

Die Hofküche bekochte nicht nur mich und meine Gäste, sondern ebenso meine Hunde. Es gab Milch und Hundekuchen, Kalbsbraten sowie Hühnerfleisch für meine vierbeinigen Freunde. Die Hunde erhielten zur Konsumtion ausdrücklich Speisen, die auch ich mochte. So bestand am zweiten Weihnachtstag zu Berlin, am 26. Dezember 1770, das Hundsmahl aus „Milch, Kuchen, Hühnern, Kalb und Braten." Viele Mahlzeiten nahmen die Hunde gemeinsam mit mir ein. Sie bekamen sogar einen eigenen Diener zugeteilt. Aber auch persönlich kümmerte ich mich um ihr Wohl. Häufig wurde das Tischtuch dabei arg in Mitleidenschaft gezogen. Meine Zeitgenossen berichteten, „der Favorit empfing auch bey der Tafel etwas aus der Hand des Königs" und jener „lag bey Tage allezeit da, wo der König saß, an der Seite desselben, auf einem besonderen Stuhl". Dieser war mit zwei Kissen bedeckt, wie der Beobachter bemerkte und auch nach dem Nachtmahl blieb mein königlicher Hunde-Favorit bei mir. Meine Lieblingshunde waren Alkmene und Biche, sie galten als von mir hoch geschätzte Hundepersönlichkeiten und wurden dem Beobachter zufolge der Höflichkeit nach mit „Sie" angesprochen. Bei Reisen bekommen die Hunde oftmals eine eigene Kutsche und trugen so zur Volksbelustigung bei.

 Mein Nachtmahl

Das Souper zu nächtlicher Stunde ist ein äußerst anspruchsvolles Arrangement mit Unterhaltungswert, reich an Schauspeisen, Früchten und Salaten, oftmals als Büffet serviert und geschmackvoll dekoriert. Das Mitternachtsdiner galt als Festmahl, doch wegen der späten Nacht, wo es gehalten ward, ist es ratsam, Speisen auszuwählen, die leichter verdaulich sind. Wenn aber kein großes nächtliches Souper gehalten wurde, dann wollte ich auf jeden Fall immer zur nächtlichen Stunde zur „kalten Küche" etwas bereitstehen haben. Deshalb orderte ich am 21. März anno 1743 drei Leberwürste, die ich aber auch als „Beygericht" oder „Vorspeise" zu schätzen wusste.

4. Von den besonderen Obliegenheiten
der Sachen und Personen

Meine Würzgeheimnisse

Oftmals wurden in meinen königlichen „Consumtionslisten" nur Gewürze pauschal angegeben. Bei der Aufstellung meines Speiseverbrauchs stand beispielsweise am 1. September 1743 schlicht „Gewürtz" geschrieben und dafür verrechnete der Küchenschreiber zwölf Groschen. Einen Tag später wieder verzeichnete er pauschal „Gewürtz", aber diesmal zum vermehrten Preis von einem Reichstaler und zwölf Groschen.

Meine ausgeprägte Vorliebe für besonders scharfe Speisen beschrieb der „Director des vereinigten berlinischen und cölnischen Gymnasiums" sehr konkret. Er war ein Augenzeuge der damaligen Zeit und charakterisierte den Gewürzmengenanteil meiner königlichen Speisen mit den Worten: „Sie mußten nach französischer und italienischer Art stark gewürzet seyn." Andere Hofchronisten berichteten von meiner extensiven Würzerei und behaupteten, ich habe noch am 30. Juni 1786, also noch gut zwei Wochen vor meinen Tode, meinen Körper mit Gewürzen traktiert. Wörtlich schrieb der Hofberichterstatter: „Zu der Portion Suppe nahm er einen großen Eßlöffel voll von gestoßenen Muskatblüthen und gestoßenem Ingwer".

Geradezu lustvoll und zum Entsetzen bestimmter Tischgenossen habe ich die Würzung auf das Allerschärfste bevorzugt und meinen geschundenen Körper immer wieder in Schwung gebracht. Manchen meiner faden Gäste war dies zuviel des Guten. Sie behaupteten, Ihnen habe „hernach" der Rachen wie Feuer gebrannt. Dabei benutzte ich keineswegs nur Salz und Pfeffer, wie fälschlicherweise oftmals behauptet wurde, weil in vielen Küchenzeugnissen des Rokokozeitalters nur lapidar die Gewürze pauschal unter der allgemeinen Bezeichnung „Salz und Gewürtz" oder unter „Salz und Pfeffer" subsumiert wurden. So ist es an meinen Küchenaufzeichnungen aus dem Jahre 1741 nachlesbar, wo beständig „Salz und Gewürtz" Verwendung fanden, aber meistens nur ohne Mengenangaben und weiterführende Hinweise auf Gewürzarten. Immer lediglich verrechnet unter der pauschalen Bezeichnung „Salz und Gewürtz". Manchmal auch nur unter der Bezeichnung Salz, wie am 2. September 1743, wo sieben Metz Salz mit 9 Groschen und 11 Dinar vom Küchenschreiber berechnet wurden. Jedenfalls verbrauchte meine Hofküche allein im Monat Dezember des Jahres 1770 Gewürze, für die ganze 38 Reichstaler und 18 Groschen verrechnet wurden. Gewürze gehörten zu den meist gehüteten Küchengeheimnissen. Und so ist es bis heute geblieben. Der unkundige Koch oder unwissende Tischgenosse kennt trotz allen Fortschritts des postmodernen Zeitalters nur Salz und Pfeffer zum Würzen.

Mein kulinarisch raffinierter Hofküchenmeister Noel verwendete scharfe Paprikaschoten und kreierte eine Pimentsuppe, „die er mit zerstoßener Muskatnuss und Ingwerwurzeln würzte". Dem Rindfleisch gab er durch das Kochen in Franzbranntwein ein eigentümliches Aroma, „Rindfleisch, das mit einem halben Quart Branntwein gedämpft war". Diese Rindfleischspeise galt als „eine Erfindung" meines Freundes, des Obersten Pinto. Er kannte sich gut aus in der mediterranen Küche, und mit meinem Küchenchef Noel führte der gute Pinto manches Fachgespräch. Ignaz Pinto hatte ich um 1770 aus den Diensten des sardischen Königs nach Berlin geholt. Er war einer meiner engsten Vertrauten und Teilhaber an meinen vertraulichen Tafelrunden.

Ingwer

Die Ingwerwurzel gehörte zu den Würzmitteln meiner Hofküche. Ingwer benutzte ich in Verbindung mit Muskatblüten zum Nachwürzen von Speisen. Die Ingwerpflanze ist ein wertvoller „Gewürzzusatz zu mancherlei Speisen und Getränken" und diente meiner Hofküche „zur Herstellung von Backwerk und Liqueuren". Eingemachter Ingwer kam aus Ostindien „in Steintöpfen von verschiedener Größe in den Handel". Meine englische Verwandtschaft machte aus Ingwer in Verbindung „mit Zucker eingemacht und candiert" sogar sehr gerne eine „magenstärkende Confitüre". Meine Mutter ließ sich Ingwer stets von ihrem Bruder, dem englischen König Georg schicken. Ingwer förderte meine Verdauung und galt als gutes Hausmittel gegen Blähungen. Ich schätzte seinen „gewürzhaften, brennend-feurigen Geschmack" und seine magenstärkende Wirkung. Ingwer besteht aus den „getrockneten Knollen oder Wurzeln der gemeinen Ingwerpflanze", welche aus Ostindien stammt.

Kapern

Zur Speisebereitung verwendete meine Hofküche nahezu täglich Kapern. Sie sind das einzig ausdrücklich aufgeführte Gewürz in meiner gedruckten „Consumtions"-Liste. Kapern gehörten bei mir zum immerwährenden Küchenlagerbestand und wurden dort in gut verschließbaren Gläsern aufbewahrt. Meine Hofküche hatte zweierlei Sorten von Kapern, die beide nachweislich in der gedruckten „Consumtions"-Liste verzeichnet waren und in die mein Küchenschreiber genauestens den Verbrauch zu vermerken hatte. Am Abend des 27. November 1741 verbrauchte meine Hofküche ein Pfund Kapern, dafür wurden vom Küchenschreiber zwölf Groschen berechnet. Dies war vergleichsweise der Preis von drei Leberwürsten.
Ich unterschied die Kapern nach zweierlei Größe. Die Kleinsten galten als die Besten. Sie waren fester und im Preis entsprechend teurer. Meine Kapern bezog ich vor allem aus dem Süden

Frankreichs, aus der „Provence". Gute Kapern mussten einen „etwas scharfen, bitterlichen, aber angenehm säuerlichen Geschmack" haben. Kapern besitzen eine „dunkelolivengrüne Farbe mit kleinen röthlichen Flecken nach dem Stiel zu". Bei schwärzlicher Farbe sind sie von schlechter Qualität. Meist sind sie dann „weich" und haben „einen schwachen faden Geschmack". So erkennt der gute Koch, „daß sie alt sind". Sie stellten zu meiner Zeit ein sehr beliebtes Gewürz dar, „das man gewissen Speisen beizumischen pflegte". Kapern galten als „magenstärkend und reizen den Appetit".

Bedingt durch ihre Beliebtheit kamen zuweilen schändliche, geradezu „schädliche Verfälschungen der Kapern vor, indem man ihnen durch Zusatz von ein wenig Grünspan oder Kupferoxyd eine lebhafte grüne Farbe zu geben" versuchte, was „namentlich bei den aus Sicilien eingeführten Kapern" passierte. Diese minderwertigen Kapern waren „meist ziemlich groß, hellgrün, ohne eine Spur von röthlichen Fleckchen". An dem „metallischen, zusammenziehenden Geschmack" fielen sie negativ auf. Aber mit Hilfe eines Küchengeheimnisses konnte jeder gute Koch sie entlarven. Wenn Du eine Kapernbrühe ansetzt, dann halte „eine blank geputzte Messerklinge in die Brühe". Nach einer halben Stunde nimm die Messerklinge heraus, und wenn sie einen „kupferrothen Ueberzug" ausweist, dann war schädlicher Grünspan in den Kapern enthalten. Wenn die Qualität gut ist, dann bleibt die Messerklinge blank.

Knoblauch

Französisch „ail" oder lateinisch „Allium sativum" wurde Knoblauch zu meiner Zeit genannt. Das aus dem Orient stammende Zwiebelgewächs wurde besonders im Süden Europas heimisch, doch wurde es auch in meinen Gärten angebaut und galt allgemein als beliebtes Küchengewürz. Die Knoblauchzehen dienten der Hofküche zur Verfeinerung meiner Speisen. Reichliche Knoblauchgaben liebte ich und empfand es als Unsitte, nur einen „Hauch" Knoblauch

an die Speisen zu geben. Manch einer meiner französischen Köche besaß die wenig schmackhafte Eigenschaft und zerbiss eine Knoblauchzehe, hauchte sodann die Speise kurz an. Dies sollte nach seiner Auffassung zur Vollendung der Würzung ausgereicht haben. Er nannte es „Würzung à point". Mir war diese Art zu gering und er sollte gefälligst die Knoblauchzehen feingehackt durch die Knoblauchpresse treiben. Der Knoblauchgeruch wurde oftmals von meinen Zeitgenossen als unangenehm empfunden. Doch der scharfe, süßliche Geschmack des Knoblauchs verfeinert nahezu alle Speisen, vorzugshalber Saucen, Wurst und Hammelfleisch. Deshalb gilt Knoblauch seit eh und je zur feinen Küche. Schon das „Alterthum" kannte Knoblauch. Die „Aegypter liebten ihn sehr, auch die Römer verzehrten ihn mit Vergnügen", doch die Griechen „verabscheuten" Knoblauch und Athenäus polemisierte, „daß kein Knoblauch-Esser die der Cybele geweihten Tempel betreten durfte". Die Abneigung der Griechen gegenüber Knoblauch rührt wohl daher, weil Horaz sich damit den Magen verdorben haben soll. Tatsächlich habe auch ich mir gelegentlich durch Übergenuss von Knoblauch den Magen verdorben. Trotzdem war ich der Auffassung, Knoblauch steigere das Temperament und beuge „Alterserscheinungen und Arterienverkalkung vor". Eines meiner Lieblingsspeisen, die italienische „Polenta", wurde mit reichlich „Saft von ausgepreßtem Knoblauch" bereitet.

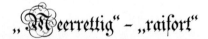

„Meerrettig" – „raifort"

Bekanntlich liebe ich scharf gewürzte Speisen. Der Meerrettich, lateinisch als "cochlearia armoracia" bezeichnet, durfte da nicht fehlen. Noel, mein französischer Küchenchef sagte dazu "raifort" und machte daraus wohlbekömmliche Saucen. Vielfach haben meine Hofköche den "Meerrettig" in dünne Scheiben geschnitten, dann bei mäßiger Wärme getrocknet und hernach zu Pulver gestoßen. Häufig stand auf meinem Speisezettel "Rindfleisch mit Meerrettich", so beim Essen mit Voltaire am 8. Juni anno 1752. Aber besonders in der kalten Jahreszeit habe ich ihn als belebend geschätzt. So am Heiligabend des Jahres anno 1770 zur Mittagstafel.

Dieses allseits beliebte und bekannte Wurzelgemüse fand nicht nur in meiner Hofküche reichlich Verwendung, sondern ich befahl mehrfach den Anbau dieser Pflanze. Ich wollte dazu beitragen, dass dieses würzige Wurzelgemüse in meinen Landen als "einheimische Pflanze mit großer, starker, ästriger kriechender Wurzel" kultivieret "werdet". Denn ich schätzte dieses scharfes Gewürz außerordentlich. Die Schärfe des Meerrettichs macht geradezu aus allen Speisen gesunde Nahrungsmittel. Der hohe Gehalt an Senfglykosid bewirkt einen brennend scharfen Geschmack, der den Körper in Bewegung bringt und einem die Tränen in die Augen treiben kann. Im nahen Spreewald wurde er seit alters her kultiviert. Um das Jahr 1000 hatte er Einzug in vielen deutschen Klostergärten gehalten. In den Schriften der berühmten Hildegard von Bingen konnte ich die heilsame Wirkung des "meeredich" nachlesen. So galt Meerrettich seit alters her als wirksame Volksmedizin und "verhindert oder heilt die unter dem Namen Scorbut bekannte Krankheit". Es wurde gar behauptet, dass derjenige, der ein Stück der Wurzel im Portemonnaie trage, immer gut bei Kasse sein würde. Diese fragwürdige Form der Geldvermehrung hat einen wahren Kern. Die Bauern, die Meerrettich anpflanzen, die vermehren jedenfalls ihren Wohlstand. Dem Meerrettich schenkte ich deshalb viel Aufmerksamkeit. 1783 schrieb ich von Potsdam aus an den Minister Werder: "Ich habe gestern einen großen Wagen mit Meerettig und Bollen hier einpassiert sehen (von der nicht fernen sächsischen Grenze). Dergleichen haben wir ja im Lande selbsten schon, und kommt es nur darauf an, daß diese Gewächse in hinlänglicher Qualität gebauet und gewonnen werden. Es ist das auch eine leichte Sache und fordert das eben nicht so viele Umstände." Denn wo "einmal Meerrettig gebaut worden, wuchert er so stark, daß er schwer auszurotten ist, da die kleinsten Wurzelfasern wieder ausschlagen."

Tatsächlich ist "Meerrettig" oder "Kreen", wie er genannt wird, eine ausdauernde Gemüsepflanze. In meiner Zeit wuchs sie sogar noch vielfach "wild an Gräben, Bächen, Fischteichen und ähnlichen

Orten". Er hat gegen drei Fuß "lange, sechs Zoll breite und am Rande eingeschnittene Blätter". Er wird bis zu zwei Fuß hoch und "trägt vierblättrige, weiße oder röthliche Blüten". Das wertvolle aber an "der Pflanze ist die über einen Fuß lange, mitunter armstarke, weißliche Wurzel, welche einen scharfen, beißenden Geschmack hat und klar gerieben, auf mancherlei Art als Zukost zu Fleisch und Fischen zubereitet wird."

Süße und bittere Mandeln

„Amandes" nannte mein französischer Koch die Fruchtkerne des Orients. Die süßen, aber auch die bitteren Mandeln trugen an meiner königlichen Tafel außerordentlich zur Verfeinerung der Mehlspeisen und des Backwerks bei. Ebenso zweckdienlich waren Mandeln bei der Creme- und Saucenbereitung, sowie zum Herstellen von Mandelöl und Mandelmilch. Von den süßen Mandeln wurden mehr verarbeitet als von den bitteren. Die bitteren Mandeln dienten als würzende Zutat zu den Speisen. Die süßen Mandeln aber ließen sich vortrefflich zur Kuchen-, Torten- und Süßspeisebereitung gebrauchen. Für meine Essensbereitung in Berlin und Charlottenburg genügten am Montag, dem 2. September anno 1743, den Köchen ein Viertelpfund bittere Mandeln. Tags darauf war es ein halbes Pfund. Dagegen benötigten sie an diesen beiden Tagen von den süßen Mandeln fast fünf Pfund. In der gedruckten „Consumtions"-Liste meiner Hofküche waren Mandeln als ständiger Küchenverbrauchsartikel ausgewiesen und in Pfund gewogen.

Muskatblüten und Muskatnüsse

Mit gestoßener Muskatnuss verfeinerte ich den Geschmack mancher Suppe. Mein französischer Hofküchenmeister Noel schätzte diese Frucht des Muskatnussbaumes. Die Muskatnuss liebte ich nicht nur zum Würzen der Suppe. Meine Hofküche verarbeitete sie an Saucen und Backwerk. Die Nüsse können auch süß mit Zucker oder würzig mit Salz eingelegt werden. Blüte und Nuss werden einzeln oder gemeinsam verwendet. Ich empfand die Muskatnüsse als magenstärkendes Mittel. Auf französisch sagte ich zu den Muskatnüssen „noix muscade." Der in der Muskatnuss enthaltene Samenkern ist umhüllt. Diese orangefarbige, lederartige und fleischige Samenhülle wird als Muskatnussblüte oder auch „Macis" bezeichnet. Der Ursprung des Baumes liegt „auf allen molukkischen Inseln", wo er „wild wuchs, von den Holländern aber an vielen Orten ausgerottet" wurde. Die Franzosen pflanzten ihn in ihren Besitzungen neu. Von dort bezog ich dann auch meine getrockneten Muskatblüten. Der „gewürzreiche Samenkern der Frucht des Muskatennußbaums", genannt „Myristica moschata", wurde „Muskatennus" genannt. Die Frucht des Baumes selber gleicht einem „mittelmäßigen Pfirsiche an Gestalt und Größe; nach dem Stiel hin aber sind sie zugespitzt wie eine Birne". Dreimal jährlich werden sie geerntet und ihre „beste Reife ist die im März", die mengenmäßig reichste im Juli, die geringste im November. Nach Befreiung von der Fruchthülle werden die Samen in Horden getrocknet und „dem Rauche ausgesetzt". Sodann gilt es, sie „vor dem Ranzigwerden zu verwahren". Deshalb wurden die Nüsse in ein „Gemisch aus Kalk- und Seewasser getaucht". Aus den Nüssen „preßt man das kostbare Muskatöl".

Paprika / Paprikaschoten

Mein Hofküchenmeister Noel verarbeitet Paprikaschoten für meine Speisen. Vier bis zwölf „Centimeter lange, anfangs grüne, bei der Reife aber glänzend rothe Früchte". Im Innern der Schoten befinden sich „durch drei Scheidewände getrennte, platte nierenförmige, gelbliche Samen". Sie werden aus der Schote entfernt und „zu Pulver gestoßen" oder auch samt der Schote getrocknet pulverisiert. Zu meiner Zeit wurde allerdings dieses allerschärfste Gewürz noch „spanischer Pfeffer" genannt. Manche sagen auch „Chili" dazu. Ursprünglich kam dieses exotische Gewürz aus

Südamerika nach Europa. Es wurde dann in Spanien, Frankreich und Ungarn angebaut. Aus „dem Ungarischen stammt auch die Benennung Paprika". Meinen Paprika bezog ich aus „dem südlichen Frankreich". Ihrer „bedeutenden Schärfe halber" wurden sie bei uns von vielen Zeitgenossen noch „für schädlich, ja sogar für eigentlich giftig gehalten; doch bedient man sich ihrer häufig, um den Essig schärfer zu machen und eingelegte oder saure Gurken und Bohnen dadurch zu würzen."

Safran

Für mich war Safran der König unter den Gewürzen. Er erwuchs aus dem lilablauen "Crocus Sativus". Man nannte Safran das teuerste Gewürz der Welt oder auch das "rote Gold". Safran, er ward wirklich oft teuerer als Gold. Bei dem hohen Preise des Safrans ward er vielfältigen Verfälschungen ausgesetzt. Trotz hoher Strafen ließen sich gewissenlose Zeitgenossen nicht davon abhalten, den Handelsartikel Safran durch minderwertige Stoffe zu verformen. Bisweilen versuchte man auch das Gewicht von Safran durch Befeuchten mit dünnem Zuckersirup zu vermehren. Selbst harte Strafen hielten nicht davon ab, ihn auf "mannichfache Weise" zu verfälschen. In manchen Ländern stand auf Safranfälschung gar die Todesstrafe, besonders dort, wo Safran teurer als Gold war. Die aufwendig von Hand geernteten roten Stempelfäden der Safranblüten ergaben zerstoben unter die Speise gemengt eine intensive gold-gelbe Farbe und verliehen jeder Mahlzeit einen einzigartigen Geschmack. Die mühevoll von Hand aus der krokusartigen Safranpflanze heraus gezupften Fäden wurden im Schatten an der Luft getrocknet. Hernach kommen die roten Fäden in dunkle Gläser, denn zuviel Licht und zuviel Wärme schaden dem Aroma. Meine Hofköche mussten streng darauf achten, dass sie die gelagerten Safran-Narben erst zerrieben, wenn die Speise zubereitet wurde. Er war damals schwer zu pulverisieren. Jedoch der Aufwand lohnt sich, denn sein würzig bitterer Geschmack ist von einzigartiger Qualität.

Aber nicht nur Speisen, auch Kuchen und Getränke ließen sich mit Safran verfeinern. Der englische Safrankuchen galt am Hofe als sehr beliebt. Mir ward dessen ungeachtet ein einfacher Kirschkuchen lieber. Safran besitzt einen "reizenden, aromatischen, erregenden" Geschmack. Da verwundert es nicht, dass ich Safran meiner Frau Elisabeth Christine ausdrücklich zur Bereitung eines Liebestrankes empfahl. Als Heilmittel wirkt er innerlich schmerz- und krampfstillend. In meiner Hofapotheke zu Berlin konnte jeder Safran-Arznei kaufen. Selbst die Suppen, Saucen, Cremes, Gelees, Puddings und "Liqueure" wurden mit Safran veredelt. Ebenso würzten meine Hofköche Fisch und besonders gerne Fischsuppen mit dem gemahlenen Safran.

In meinem Lustgarten Sanssouci musste ich feststellen, dass Safran im ersten Anbaujahr einen nur geringen Ertrag gab, der sich aber im zweiten und dritten Jahr auf das sechs bis zehnfache steigern ließ. Dann ließ sich schon mal aus achtzigtausend Blüten ein Kilogramm Safran gewinnen. Jedenfalls waren für "zu einem Pfunde wol 100.000 Blumen noethig". Was erklärt, warum Safran so "sehr theuer ist".

Das Safran-Monopol lag in Brandenburg bei meiner Familie. Meine Urgroßmutter Kurfürstin Luise Henriette war eine Oranierprinzessin. Jung vermählt erhielt sie von ihrem Mann, dem Großen Kurfürsten, das Monopol für den Safrananbau im aufstrebenden Kurfürstentum Brandenburg. Außerdem bekam sie von ihrem Mann das märkische Bötzow geschenkt. "Dortem" entstand im holländischen Stil von 1651 bis 1652 Schloss und Garten Oranienburg, welches ich anno 1742 meinem Bruder August Wilhelm schenkte und ihm natürlich dort den Anbau von Safran anempfahl. Nach Schloss Oranienburg wurde 1652 auch der Ort umbenannt. Die eifrige Kurfürstin holte holländische Kolonisten ins Land und schuf in Oranienburg einen wunderschönen Lustgarten, in dem sie ihren ersten Safran anbaute. Bis dato nahmen meine kurfürstlichen Vorfahren Safran von den Bauern gar als Ersatz für Zins- und Pachtabgaben, sozusagen als Ersatzgeld an. Ich empfahl Safran mehrfach in Edikten meinen Bauern als wichtiges Zubrot, denn in der armen

Mark Brandenburg konnten die Landwirte ihr Einkommen damit mühelos aufbessern. Denn hier gedieh Safran auf den mageren trockenen Böden. Safran braucht lockeren, sandigen Boden. Staunässe ist für ihn tödlich und Regen ruiniert die Safran-Ernte. Ein Safranfeld war im Oktober eine besondere Augenweide. Im Herbst ließ der blühende Safran die Felder wie violette Teppiche erscheinen. Er wird in den ersten beiden Wochen des Oktobers geerntet.

Natürlich bevorzugte ich den brandenburgischen Safran. Den pannonischen, der aus Österreich kam, mied ich aus Abneigung gegenüber meiner Gegenspielerin Maria Theresia. Wenn Safran eingeführt werden musste, weil die preußischen Anbaumengen zu gering waren, dann kam er aus Persien als orientalischer Safran oder als gatineeser Safran aus Frankreich.

Die Vorzüge dieses vorzüglichen Würzstoffes genoss ich beispielsweise bei meiner königlichen Tafelei am 27. November 1741 in Berlin. Zur Mittagszeit wurde davon ein halbes Luth verbraucht. Zwei Tage später verarbeitete die Hofküche das exklusive Gewürz bei der Bereitung von einem „Pain mit Safran".

Parmesankäse

Dieser berühmte italienische Hartkäse aus der Provinz Parma wurde sehr häufig bei der Speisezubereitung meiner Hofküche benötigt. Deshalb gehörte der Parmesankäse zu den gut dreißig regelmäßigen Verbrauchsartikeln meiner Köche, die auf meiner ersten gedruckten „Consumtions"-Liste aufgeführt waren. Gewogen und verrechnet wurde der Verbrauch in Pfund. Vier Pfund davon verbrauchten meine Köche am Montag, dem 2. September anno 1743, bei der Tafelei in Charlottenburg und Berlin.

Wegen seines pikanten Geschmacks eignet sich der Käse aus dem oberitalienischen Herzogtume gut zum Würzen der Speisen. Hauptsächlich würzte ich mit dem geriebenen Hartkäse Makkaroni und andere Nudelgerichte, Suppen und Mehlspeisen sowie Fleischstücke, besonders wenn sie auf dem „Rost gebraten werden" sollten. Als schmackhaft galt Parmesankäse stückweise in Verbindung mit frischen Früchten, besonders als Dessert.

Von anderen Zutaten

„Citronen" und Orangen verfeinern die Speisen

Zitronen verbrauchten meine Hofköche beständig zur Verfeinerung der Speisen. Deshalb holte ich durch königliche Order 1748 aus Schlesien den versierten Gärtner Johann Hillmann an meinen Hof. Er galt als Spezialist für Pomeranzen, wie die italienische Zitrusfrucht genannt wurde. Ich bevorzugte für meine Hofküche diese besondere Frucht und meine Hofküche hatte einen hohen Bedarf an Zitronen. Für meine Mittags- und Abendtafel wurden täglich große Mengen an Zitronen verbraucht, oft in zwei- und dreistelliger Zahl. Beispielsweise zur abendlichen Tafel am Montag, dem 27. November 1741, verarbeiteten meine Berliner Hofköche ganze 70 Stück Zitronen.

Johann Sigismund Elsholtz, der Hofmedicus meines Urgroßvaters, des Großen Kurfürsten, gab in seinem „Neuen Tischbuch" 1682 „für jedes dritte Rezept" saure Pomeranzen an. Seltener war „der Saft einer süßen Orange" gefragt. Vorhanden waren sie seit vielen Jahren in meinem Lustgarten in Sanssouci, nicht nur sauer-bittere Pomeranzen, wie die Zitronen, sondern auch süße, wie die Orangen. In der gedruckten „Consumtionsliste" meiner Hofküche kamen „Citronen" und ebenso Orangen in Aufstellung. In dieser Liste wurde mein täglicher Küchenverbrauch nach Menge und Preis erfasst und daran mag noch heute ein jeder erkennen, welch' hohen Stellenwert Zitrusfrüchte zur Verfeinerung meiner Speisen besaßen.

Pomeranze

Die Zitrusfrüchte des Pomeranzenbaums wurden Pomeranzen genannt. Hierzu gehörten auch „die Orangenfrüchte", die Apfelsinen. Es gab süße und saure Pomeranzen. Die „zahlreichen Spielarten" liefern „theils bittersaure Früchte" oder „theils süße". Die Zitrusbäume wurden „in den Orangerien vor der rauhen Luft des Nordens geschützt". So konnten sie dann „von Mai bis September in den königlichen Gärten ihre Pracht entfalten". Meine Gärtner setzten die kostbaren Bäume „wirkungsvoll in Szene" und sie konnten zu „erstaunlichen Ausmaßen heranwachsen". Auf Könige wie Gärtner übten sie eine große „Faszination und Anziehungskraft" aus. Bei meiner königlichen Tafelrunde am Montag des 27.11.1741 in Berlin wurde ein Pfund Pomeranzen zur Essensbereitung verwendet.

Teilweise wurden Pomeranzenbäume sehr alt. So standen in meinen königlichen Gärten noch um 1980 „drei mehrere hundert Jahre alte Pomeranzen". Und in Apotheke wie Küche wurden aus Pomeranzen wichtige Produkte erstellt. Ihre Ingredienzien ergaben ein gebranntes Wasser und wurden auch zur Herstellung des „Aquae vitae" benötigt. Für den Konditor waren sie „für die Herstellung von kandierten Früchten und Conserve, einer als Nachtisch beliebten Art von Marmelade" bedeutsam. Mein Pomeranzengärtner Johann Hillner belieferte die Hofapotheke mit Orangenblüten und versorgte die Hofküche mit jahreszeitlich bedingten Schwankungen reichlich mit Orangen. So gab es Jahre, wo Hillner „beachtliche 1 887" Orangen ablieferte, in einem anderen Jahr waren es mal etwas weniger, beispielsweise „827 Apfelsinen, Pomeranzen und Zitronen", die er „an den Hof liefern" konnte. Trotzdem wurden immerhin noch „514 Früchte anderweitig" verkauft. Ebenso trugen die anderen Hofgärtner reichlich zur Belieferung mit Zitrusfrüchten und Blüten bei.

In die neue Welt, nach Amerika, „gelangten die ersten Pomeranzen mit Christoph Columbus". Er nahm 1495 „auf seiner zweiten Reise in die neue Welt" den „Samen mit nach Haiti".

„raisin" – Die Rosinen des Königs

Rosinen, die luftgetrockneten Weinbeeren, wurden in Pfund gewogen und zählten zu den beständig benötigten Verbrauchsartikeln meiner Hofküche. Deshalb sind Rosinen ausdrücklich in die gedruckte „Consumtions"-Liste aufgenommen worden. Genauestens musste darin der Küchenschreiber den Rosinenverbrauch festhalten. Ich unterschied ausdrücklich zwischen geschwefelten Rosinen und den kernlosen, meist kleineren schwarzen Weinbeeren, den „Korinthen". Beide, Rosinen wie Korinthen, waren ausdrücklich als Einzelpositionen in meiner königlichen „Consumtions"-Liste vermerkt. Am 30. November des Jahres 1741 speiste ich in Berlin und für das gereichte Mahl verbrauchte meine Hofküche 2 Pfund Rosinen und berechnete dafür 4 Groschen. Vergleichsweise entsprach dies damals dem Preis von 2 Loth Trüffeln oder 16 Sardellen. Bei Saucen, Mehlspeisen und Backwaren galten sie als beliebte Zugabe. Aber sie mussten dazu „vorhero" gewaschen und entkernt werden. Außerdem ließen sich Rosinen zur Sirup-, Met- und Weinverfeinerung benutzen.

Meine französischen Köche nannten die Rosinen „raisin". Doch manch einer meiner Köche sagte einfach „Eibeben" oder „Zibeben" zu den von mir so sehr geschätzten und in meinem Schlossgarten auf der Terrasse unter der Sonne getrockneten Weinbeeren.

„Corinthen" / Korinthen

„Korinthen" verwendeten meine Köche immerfort. Sie waren beliebter Bestandteil zum Backen, bevorzugt für Eierkuchen und „Gollatschen". Aber auch bei herzhaften Produkten, ebenso für Saucen und selbst bei Fleischgerichten ergaben sie einen angenehmen unverwechselbaren süß-saueren Geschmack.

Noch heute lässt sich zweifelsfrei die Bedeutung der zierlichen getrockneten Weintraube für meine Küchenzubereitung erkennen. Korinthen gehören zu den wenigen Küchenzutaten, die in meiner gedruckten „Consumtions"-Liste verzeichnet sind. Ein halbes Pfund davon verbrauchten meine Köche anno Samstag, 25. November 1741, für die königliche Tafel zu Berlin.

Korinthen sind feinhäutige schwarzblaue bis schwarze an der Luft getrocknete Weinbeeren. Sie wurden nach der Stadt Korinth in Griechenland benannt. An einem kleinwüchsigen Weinstock gedeihen diese köstlich süßen und kernlosen Beeren. Sie reifen von Juli bis August. Ende August, oftmals sogar erst im September werden sie gelesen und unter freiem Himmel im Schatten in 8 bis 10 Tagen, bei ungünstigem Wetter in 20 bis 24 Tagen getrocknet. Die Trauben werden alle Tage gewendet und wenn sie ganz trocken sind, werden die Beeren mittels Hölzern oder Kämmen von den Stielen getrennt. Sie lassen sich gut für Backwerk oder Speisen verwenden. Der „Preis und ihre Güte hängen von der auf das Trocknen und Verpacken gerichteten Sorgfalt ab". Gute Korinthen „dürfen weder säuerlich schmecken noch zu viele Stiele enthalten". Vor der Benutzung werden sie nochmals gründlich in Wasser gewaschen.

„Creme" - Sahne

Der süße und saure Rahm, als der nahrhafte und sahnige „Theil der Milch", ist heute wie gestern ein unverzichtbarer Bestandteil jeder guten Küche. „Obers", „Schmetten" oder Schmand genannt, verbrauchten meine Hofköche in Berlin, Potsdam und Charlottenburg immerfort. Die nach dem längeren Stehen abgeschöpfte „dickliche gelbliche Schicht" der Milch schätzten meine Zeitgenossen nicht nur als „Zuthat zum Kaffee und Thee", sondern wir benötigten diese Sahne für die Bereitung von Cremes, Gefrorenem, Backwerk, Mehlspeisen, ebenso zum Herstellen von Butter und Käse sowie zum Binden von Ragouts, Suppen und feinsten Saucen. „Dortem" dokumentiert ist dies am Küchenverbrauch meines Küchenschreibers. In meiner gedruckten Küchenverbrauchsliste ist die „Consumtion" von Sahne genau festgehalten. Ihr Verbrauch wurde damals in Quart gemessen.

 Gute Butter

Sie wurde regelmäßig in der Hofküche verarbeitet und war in der gedruckten „Consumtionsliste" zur Abrechnung meines königlichen Küchenverbrauchs ausdrücklich aufgeführt. Butter gereichten mir meine Berliner Köche auch als „Beygericht", beispielsweise am Abend in Verbindung mit Käse, wie ich es am 29. und 30. Dezember 1770 durchaus zu genießen verstand.

Butter wurde in Pfund oder auch in Quart gewogen. Bei der königlichen Tafel zu Berlin verbrauchten meine Köche am Montag, dem 27. November 1741, mal schnell 130 Pfund Butter. An den nachfolgenden Tagen war der Verbrauch dann geringer, so zwischen 30 und 60 Pfund. Für die große Menge Butter berechnete der Küchenschreiber sechzehn Reichstaler und sechs Groschen. Am 30. November 1741 kamen mittags fünfunddreißig dreiviertel Pfund Butter in Berechnung. Dafür wurde ein Betrag von vier Reichstalern, elf Groschen und drei Dinar verbucht.

 Schweine-„Liesen" und Rinder-Mark-Fett

Meine Köche verbrauchten aber nicht nur gute Butter, sondern auch relativ viel „Liesen", also „Flomen", das Fett vom Schweinebauch. Es wird ausdrücklich auf der gedruckten Konsumtionsliste meiner Hofküche als ständiger Verbrauchsartikel ausgewiesen. Den Verbrauch haben meine Köche in Pfund gewogen.

Wer meint, meine Hofköche hätten nur teures Provence-Öl und Butter als Küchenfett benutzt, der irrt. Wir zogen aus heimischen Rindermarksknochen eine „fettartige Substanz, welche die Knochenröhren ausfüllt; es ist eins der feinsten Fette und wegen seiner Nahrhaftigkeit und seines Wohlgeschmackes von allen Gutschmeckern hoch geschätzt". Besonders beliebt war Rindermarkfett als zarter Brotaufstrich. Es schmeckte vortrefflich zu heißen gerösteten Brotschnitten, die „mit Salz bestreut" verzehrt wurden. Aber zugegeben, es war ziemlich schwer zu verdauen. Welchen Stellenwert Rindermark in meiner Hofküche besaß, ist daran erkennbar, dass Rinder-Mark an zweiter Stelle meiner gedruckten „Consumtions"-Liste steht, in der gut dreißig der häufig gebrauchten Küchenverbrauchsartikel aufgeführt sind.

Preußische „Bärme"

Preußische „Bärme" waren nicht nur bei der Gärung der preußischen Bierwürze notwendig, sondern ebenso in meiner Hofküche ein unverzichtbares Hilfsmittel. Sie fanden Verwendung als geschätztes Treibmittel beim Backen, denn sie verliehen dem Gebäck eine lockere und geschmackvolle Note, nachweislich in meinen Stollen und „Brezeln". Benötigt wurden „Bärme" außerdem zur Bereitung von „Gugelhopf", der schlesischen Klöße und der russischen Piroggen, die als „Beygerichte" an meiner Tafel gerne gereicht wurden. Zu meiner Zeit nannte sich in Preußen die Hefe noch „Bärm" oder französisch betrachtet hieß sie „levure" oder „lie". Hefe gehörte zu den beständig bereitzuhaltenden Küchenprodukten meiner Köche. In meiner anno 1774 gedruckten „Consumtions"-Liste sind „Bärme" unter den gut dreißig wichtigsten Küchenartikeln ausgewiesen. Nachgeborene Sachsen betrachteten die Bezeichnung „Bärm" als „norddeutscher Provinzialismus für Hefe". Jedenfalls vermochten unsere preußischen „Bärme" den Speisen einen angenehmen Duft zu verleihen und reicherten sie „mit lebenswichtigen Vitaminen an". Als Backhilfe lockerten die „Bärme" Preußens die Teigmassen in der notwendigen Form auf. Meine Köche mussten stets darauf achten, dass die „Bärme" „nicht schmierig" und gut gelagert waren. Denn schließlich hing das Gelingen des Backwerks und vieler anderer wichtiger Nahrungsmittel von der Güte der Hefe ab. Alle Vorsicht mussten meine Köche aufbieten, um die Hefe in benutzbarem Zustand zu halten. In flüssigem Zustande wurden „Bärme" mit Zucker übersättigt in einem steinernen Kruge gelagert, „etwas Olivenöl darüber gegossen" und unverkorkt in „Sand gestellt".

Längere Haltbarkeit ließ sich nur in trockenem Zustand erzielen. „Zu diesem Behufe" wurden die „Bärme" „ausgewaschen, daß die Säure entfernt wird, dann läßt man sie abtropfen, trocknet sie in der Luft oder im Ofen und verwahrt sie in" Büchsen, „die in Sand gestellt werden".

„Provenceröl"

Besonders beliebt war zu meiner Zeit das Öl aus der Provence. Es galt als das „beste Oel" und kam aus dem Süden Frankreichs, gepresst aus den um Genua angebauten Oliven. Es „ist blaßgelb, ganz klar, fast geruchslos, äußerst mild schmeckend und gerinnt sehr leicht." Das allerbeste „Provenceröl" war das „Jungfernöl", welches „aus den völlig reifen Früchten" nahezu wie von selbst „durch gelindes Pressen" auslief. Manchmal wurden auch die nicht ganz reifen Oliven mit der Hand gepflückt und in Säcke gefüllt und anschließend zu Brei zerstampft und ausgepreßt, dabei entstand das „sogenannte Sommeröl".
In Beuteln wurde das gute „Provenceröl" in meiner Hofküche gelagert und beständig verbraucht. Der tägliche Verbrauch von Öl ist an den Verbrauchszetteln durch meine Küchenschreiber dokumentiert. Es war entsprechend auf der ersten gedruckten „Consumtions"-Liste meiner Küchenartikel aufgeführt. So vermerkte der Küchenschreiber am Montag, dem 2. September anno 1743, für meine Mittagstafelei in Charlottenburg und für das Abendessen in Berlin den Verbrauch eines ganzen Beutels „Provenceröl".

„Farine" - Mehl

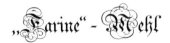

„Farine" sagte mein französischer Küchenchef zum Mehl. Geschätzt wurde es allerorts. Ob arm oder reich, das Mehl durfte in keiner Küche und Bäckerei fehlen. Es war ein täglicher Verbrauchsartikel. Auf der ersten gedruckten „Consumtions"-Liste meiner Küche war Mehl aufgeführt. Der Mehlverbrauch wurde alltäglich in Metz gewogen und berechnet. Das zermalmte und fein gesiebte Pulver aus Getreide wurde zum Panieren als „panade de farine" von Speisen benötigt, genauso wie zum Backen von Brot und für die leckeren Konditoreiwaren. Mehlsuppen und Mehlbrei füllten viele arme Mägen und Berliner Mehlspeisen mit Zimt und Zucker, namentlich die Eierkuchen, genossen eine hohe Beliebtheit, selbst an meiner königlichen Tafel. Die Mehl-Schwitze diente schon damals zur Verdickung von Saucen und Suppen.

Mehl, diese „feine staubartige weiße Substanz", gewonnen „aus dem Inhalte der Getreidekörner durch das Mahlen auf der Mühle" kannte „fruehero" nicht nur jeder Koch, auch jeder König wusste um den Wert des Mehles. Der Müllerstand war ein von mir sehr geachteter Berufsstand, denn gutes Mehl konnte „nur aus reinen, gesunden und vollkommenen Körnern auf gutgestellten Mühlen gewonnen werden. Der Müller füllte es in „Beuteln von feinem Tuch" und er hatte darauf zu achten, dass es von Beginn an „weiß, trocken und frei von Geruch" war.

Wie wichtig mir der Müllerstand galt, dass kann einjeder daran ermessen, dass ich sogar Minister und Richter entließ, als sie den armen Müller Christian Arnold und seine Wassermühle in arge Bedrängnis brachten. Ich entließ sogar meinen Großkanzler und forderte vom Kriminalsenat des Kammergerichts zu Berlin die beteiligten Richter wegen Rechtsbeugung in Festungshaft zu nehmen und zur Entschädigungsleistung an den armen Müller zu verurteilen. Und auch die Enteignung des Müllers von Sanssouci lehnte ich ab. Noch heute dreht sich gleich neben meinem Lustschloss Sanssouci eine große zur Legende gewordene Mühle.

Besonders die Beachtung der Pflegebedürftigkeit von Mehl lag mir am Herzen. „Das Mehl verdient einer besondern Sorgfalt, wenn die daraus zu bereitenden Speisen gelingen sollen." So betrachtete ich das Bewahren von Mehl in „hölzernen Behältern" als wenig vorteilhaft, denn das „Holz enthält immer etwas Feuchtigkeit, wovon es an das Mehl abgibt. Feuchtes Mehl aber unterliegt sehr leicht dem Verderben". Daher sollte ein guter Mehlbehälter mit Blech ausgeschlagen sein. Jedenfalls galt es vorzüglich darauf zu achten, dass das Mehl trocken eingekauft und gelagert wurde.

Denn feuchtes Mehl entwickelt einen dumpfen Geruch und säuerlichen Geschmack. Zum Aufbewahren hatten meine Köche einen besonderen Mehlkasten mit einem gut schließenden Deckel und hohen Füßen, die möglichst weit über den Boden zu stehen hatten. Meine Köche hatten „das Mehl fleißig umzuschaufeln und durchzusieben, um das Zusammenballen des Mehles und das Überhandnehmen von Mehlwürmern zu verhindern."

Meine Küchenkonsumtions- und Bestandsliste

Täglich ließ ich genau den Warenverbrauch meiner Hofküche auflisten. Einmal monatlich erfolgte eine Bestandsaufstellung. Daran lässt sich leicht erkennen, es wurde kein riesiger Lagerbestand vorgehalten, sondern tagtäglich frisch eingekauft. Der Bestand vom Monat August des Jahres 1743 belegt 41 Pfund Rindfleisch, 3 Pfund Talch, ¼ Kalb, ¾ Hammel, 45 ½ Pfund Speck, ¾ Pfund Servelatwurst, 11 Hühner, 9 Tauben, 249 Eier, 249 Pfund Butter, 4 ½ Pfund Sardellen, 70 Heringe, ¼ Pfund Soja, 5 ¾ Pfund Parmesan Käse, 1 Glas Gurken, 1 ¾ Glas Champignons, 1 ½ Pfund Confect, Gewürze im Wert von 3 Reichstalern, 19 Groschen und 9 Dinar, 4 Pfund Schweinefleisch, 1 ¼ Pfund „Coffeé", 22 Pfund Zucker, 4 Pfund süße Mandeln, ½ Pfund bittere Mandeln, 1 3/8 Pfund große Rosinen, ¾ Pfund „Corinthen", ½ Pfund Pistatien, 3 /4 Pfund „Macronen", 3/8 Pfund Kümmel, ¼ Pfund Wachholderbeeren, ¾ Faß Mostrich, 27 „Appelsinen", 3 „Orenges", 32 Zitronen, 25 Loth Trüffeln, 14 Oblaten, 1 ½ Metz weiße Rüben, 2 Metz Zwiebeln, 3 Fass saure Gurken, Milch und Sahne, sowie 1 Beutel „Provenceröl".
Im Dezember 1770 verbrauchte meine Hofküche 1.802 Pfund Rindfleisch. Dafür wurden 118 Reichstaler, 21 Groschen und 2 Dinar berechnet. Für die in diesem Monat verbrauchten 1.081 Pfund Kalbfleisch kamen 90 Reichstaler und 2 Groschen in Anschlag, und für die 76 Pfund Hammelfleisch waren es 50 Reichstaler, 15 Groschen und 2 Dinar. Der insgesamte Verbrauch meiner Hofküche im Dezember anno 1770 belief sich auf 1.659 Reichstaler, 15 Groschen und 10 Dinar.

Mein Küchenschreiber führte genau Buch über die verbrauchten und vorhandenen Lebensmittel. Dabei wurden von ihm die Preise aller Waren eingetragen. Im Laufe der Jahre entstand eine gedruckte „Consumtions"-Liste der ständig verarbeiteten Küchenprodukte. Diese Liste wies 32 verschiedene Artikel aus, die nicht alphabetisch geordnet wurden, sondern nach Warengruppen. Wie die handschriftlich geführten Aufstellungen begann die gedruckte „Consumtions"-Liste mit Fleisch und endete mit den Zutaten. Konkret sind in dieser Auswahlliste aufgeführt: Rindfleisch, Rinder-Mark, „Nierentalch", Ochsenzungen, Kalbfleisch, Kälbermilch, Hammelfleisch, Speck (fett und mager), Schweinebauchfett „Liesen", Schinken, Butter, „Eyer", Mehl, Alte „Hüner", Hechte, Krebse, Sardellen, Champignons, Gurken, „Capern" (kleine und ordentliche), Sahne, Milch, Parmesan, Zitronen, Orangen, „Oehl", Rosinen, Korinthen, Mandeln, Zucker, Semmel (kleine und längere) sowie „Bärme", wie zu meiner Zeit die Hefe genannt wurde.

Starker Tobak

Mein Opa Friedrich I. hatte das Tabakskollegium „als galante Zusammenkunft edle Tabake rauchender höfischer Kreise konzipiert", doch unter der Herrschaft meines Vaters, des Soldatenkönigs, wandelte sich diese feine Männerrunde in ein biersaufendes verräuchertes Gelage. Für jeden Zechkumpanen standen „ein Krug Bier und eine lange weiße Tonpfeife bereit. Geraucht wurde billiger Hollandtabak." Mein Vater, der Soldatenkönig, rauchte am Abend bis zu 30 Pfeifen. Nichtraucher mussten mitmachen, indem sie an

kalten Pfeifen zu ziehen hatten. Schon als Kind missfiel mir diese Art des Tabakkonsums und von „dero" ich den starken Drang nach Verfeinerung der Tabaksbräuche verspürte. Ich gebrauchte für mich spanischen Tabak, den ich aber „nicht rauchte, sondern schnupfte". Mein in Handelsangelegenheiten erfahrener Minister Schulenburg besorgte mir den Schnupftabak „aus Cadiz in großen Mengen". Tabaksschnupfen bedeutete mir einen hohen Lebensgenuss und dem Chronisten zufolge verbrauchte ich als Preußenkönig im Jahr für mich „und zu Geschenken gegen dreihundert Pfund – und zwar in einer tiefdunklen fetten Qualität." Graf Nostitz, der preußische Gesandte in Madrid, erhielt von mir als eine seiner „ersten Aufträge" die Anweisung, „sich auf die Besorgung eines guten spanischen Tabaks" zu kaprizieren.

Die preußische Vorliebe für spanischen Tabak hat sich bis in die modernen Zeiten erhalten. Selbst nachgeborene Spanier kannten noch den Grund, warum in Preußen der spanische Tabak als so beliebt galt. Geschätzt waren „die spanischen Tabake, vor allem durch Friedrich und manche anderen Glieder der königlichen Familie."

Keine meiner Mahlzeiten verliefen ohne meinen geliebten Schnupftabak. Allerdings empfand manch einer meiner Tischgenossen das Schnupfen als störend. Doch ich ließ mich durch negative Bemerkungen nicht irritieren. Ich benutzte diese Form des Tabakkonsums beständig. Der preußische „Oberconsitorialrath" D. Anton Friederich Büsching schrieb über diese Marotte: „zu Seiner Lebensnothdurft, oder zum Wohlleben, gehörte auch spanischer Schnupftabak, von welchem Er immer ein Paar tausend Pfund vorräthig hatte. Er trug beständig zwey angefüllte kostbare Tabacksdosen in den Taschen, fünf oder sechs andere stunden auf den Tischen umher, und viel hundert wurden zur Abwechselung in Kasten aufbewahret." Für mich als Preußenherrscher wurden immer größere Mengen „des erlesenen spanischen Schnupftabaks Spaniol" vorrätig gehalten. Wer diese Marotte nicht kannte oder nicht gewohnt war, der nahm daran Anstoß, wie beispielsweise der englische Gesandte Harris. Er merkte an: „Es ist schwer, sich dem König zu nähern, ohne zu niesen".

Mein Tafel- und Küchengeschirr

Bis zum 19. Jahrhundert wurden die öffentlichen Tafeln an den europäischen Fürstenhöfen „ausschließlich mit Edelmetall gedeckt". Die Chronisten meiner Zeit beobachteten: „Das Tafel-Service ist an allen Höfen...heut zu Tage von Silber. An großen Kaiser- und Königlichen Höfen aber wird an hohen Hof-Festen auf massiv Gold gespeist". Auch ich habe es so gelegentlich zu großen Tafeleien und Festivitäten im Schloss zu Berlin gehalten und „vom goldenen Servis" gespeist, beispielsweise am 9. Januar 1749, wie der Chronist „dero" einst ermittelte. Trotzdem entsprach Tafelsilber nicht meinem Geschmack. Das Tafelsilber wurde an anderen Höfen regelmäßiger benutzt als in Preußen. Augenzeugen berichteten, ich hätte als König das Porzellangeschirr gegenüber dem Edelmetall außergewöhnlich bevorzugt. Zweifelsohne trifft dies zu, doch darin war ich „im 18. Jahrhundert die Ausnahme an den Fürstentafeln". Bei mir besaß „das Porzellan eine überragende Rolle, während Silberobjekte sichtlich an Prominenz verloren." Der preußische Oberkonsistorialrat D. Anton Friederich Büsching hob dies in einer Charakteristik besonders hervor: „Es wurde beständig von schönem Porcellain gespeiset." Natürlich tafelte ich hauptsächlich vom Porzellangeschirr meiner eigenen Berliner Porzellan-Manufaktur. Als mein Freund, der General Heinrich August de la Motte Fouqué das Berliner Porzellan kritisierte, da antwortete ich dem Baron am 21. April 1764: „Mein Bester, Sie haben meiner Porzellanfabrik Hohn gesprochen, ich muß sie daher rechtfertigen. Hierbei erhalten Sie ein so schönes Déjeuné, wie man noch niemals in Meissen gemacht hat, zugleich bekommen Sie auch eine Tasse mit Figuren, welche Sie überzeugen wird, daß unsere Arbeiten den Sächsischen wenigstens gleich sind."

Meine festliche Tafel war erleuchtet durch „hohe Armleuchter mit Wachskerzen". Als Schmuck meiner königlichen Tafel benötigte ich kein Tafelsilber, sondern Früchte, Porzellanfiguren, Zierrat aus Zuckerwerk trafen eher meinen Geschmack. Ich benutzte regelmäßig Geschirr aus Porzellan. In Mode kam an den Höfen das Porzellan, weil es sich für die neuen Heißgetränke wie Tee, Kaffee und

Schokolade besonders eignete. Seine Beschaffenheit betrachtete ich als ideal, denn Porzellan zeichnete sich durch „geschmacksneutrale Eigenschaften" aus. Bevorzugt beim Dessert kam Porzellan zum Einsatz, „denn säurehaltige Früchte und Süßigkeiten" ließen sich darin problemlos ohne Beigeschmack mit Genuss konsumieren.

Das Tafelsilber jedenfalls gehörte „zum Staatsvermögen", wie schon am Wappen „in der Gravierung" deutlich wurde. Es war Teil des Staatsschatzes. Das Tafelsilber diente der Vermehrung des „Tresors" und im Bedarfsfall wurde es eingeschmolzen oder als „Pfand zur Sicherung von Krediten" benutzt, um wichtige Aufgaben zu finanzieren. Tafelsilber stellte eine Art der „Geldreserve" dar. Deshalb trennte ich mich 1745 und 1757 von einem Teil meiner Silberausstattung im Berliner Stadtschloss. Einige gebrauchsfähige Bestandteile vom „Silberbuffet des Berliner Stadtschlosses" wurden allerdings weiterhin bewahrt.

Das höfische Geschirr in Berlin und Potsdam bestand aber nicht nur aus Massiv-Gold oder Silber, es gab „dortem" vergoldetes Silbergeschirr, genannt „Vermeil", außerdem Speisebehältnisse aus Zinn und Fayence. Unter Letzterem versteht sich ein Keramikgeschirr aus hellem Ton, überzogen mit einer weißen Zinnglasur und dekoriert mit Malerei in Metalloxydfarben. Das Fayence-Geschirr lieferten vorzugshalber Italiener. Das Beste kam aus Faenza, von diesem bedeutenden Ort der italienischen Keramikmanufaktur ist der Name des Geschirrs abgeleitet. Gern gekauft wurde die Serie „Majolika", die in vielen Variationen angeboten wurde. Mit Majolika wird Mallorca bezeichnet, denn im Mittelalter war diese Insel der bedeutende Umschlagplatz für Keramikgeschirr. Überall entstanden im 17. und 18. Jahrhundert in Europa, ebenso in Preußen, mit Förderung der Landesherren Fayencemanufakturen.

Meine Köche benutzten gerne zur Speisebereitung eine Kasserolle: Dies war ein flacher Brattopf in dem Fleisch und Gewürze in wundersamer Eintracht zum Schmoren gebracht wurden.

Braisière nannten meine Hofköche den Bratentopf und infolge die dabei entstehende Bratenflüssigkeit. Als „Braisière" wird der braune Fond, die Bratenflüssigkeit, die beim Schmoren entsteht, genannt. Aber es ist auch der Name für den speziellen „Schmortopf". Es war ein „gut schließendes, meist ovales Kochgeschirr", was eigens zum Schmoren von Fleisch und Geflügel Verwendung fand.

Mein Küchenetat

Mein jährlicher Küchenetat betrug „nur 12000 Thaler". Von diesen zwölftausend Thalern mussten täglich für meine „Königs Tafel" acht Schüssel gefüllt mit Speisen bereitet werden. Ebensoviel „für die Adjutanten, und Mittags und Abends 3 Schüsseln für 11 oder 12 Domestiken". „Brodt und Getränke waren nicht darunter begriffen, denn die gehörten zum Kelleretat." Gab es „große Gastmale, so bezahlte" ich „die ausserordentlichen Kosten besonders." Mein Küchenschreiber führte genau Buch über die verbrauchten Küchenprodukte und die damit zu berechnenden Preise. Alles wurde in Reichstaler, Groschen und Dinar aufgeteilt ausgewiesen. Beispielsweise wurden für die „Consumtion" meiner königlichen Tafel am Sonntag, dem 1. September 1743, insgesamt 43 Reichstaler, 2 Groschen und 3 Dinar an Kosten angegeben. Wobei die Tafel an zwei Orten, mittags in Potsdam und am Abend in Charlottenburg, gehalten wurde.
Die Konsumtion meiner Hofküche belief sich im Dezember 1770 auf einen Verbrauch von 1.659 Reichstalern, 15 Groschen und 10 Dinar. Für die in diesem Monat verbrauchten 2.152 Austern wurde ein Betrag von 43 Reichstalern und 5 Groschen berechnet. Für die 40 Bücklinge nur 1 Reichstaler und 26 Groschen. 74 Zitronen kamen mit 30 Reichstalern und 23 Groschen in Berechnung. Die verbrauchten „55 Orangen aus Sanssouci" gab es kostenneutral. Für sie musste ich nichts bezahlen. Für das verbrauchte Salz berechnete die Hofküche im Dezember 1770 insgesamt 12 Reichstaler, 3 Groschen und 8 Dinar. Die 98 Pfund „Emdener Käse" gab es wiederum ohne Berechnung. Doch für die 30 und ¼ Pfund Parmesankäse verbuchte der Küchenschreiber einen Betrag von 12 Reichstalern, 14 Groschen und 6 Dinar. Die sechs verbrauchten

Hummer schlugen mit ganzen 6 Reichstalern und 16 Groschen zu Buche.

Maße und Gewichte in der königlichen Küche

Beutel waren nicht nur hervorragende Lagergefäße für flüssige Speisezutaten meiner Hofküche, sondern ein Beutel galt ebenso als ein Berechnungsmaß für den Speiseverbrauch, beispielsweise des „Provenceröls".

„Luth" oder auch „Loth" stellten eine kleine Gewichtseinheit meiner Hofküche dar. Damit galt es „Trüffeln" und Pistatien abzumessen. Doch entsprach es mehr als nur einem Quentchen. Ein Loth war in Preußen 14,63 Gramm.

Metze, abgekürzt *„mtz"*, ist nicht nur in Süddeutschland und Österreich ein altes Getreidemaß, wobei es im Süden Deutschlands eine größere Gewichtseinheit darstellte als in Norddeutschland. Teilweise wurden auch „Mehl und Kartoffeln" in Metze berechnet. In Preußen entsprach ein Metze ein 1/16 des „Scheffels" und gleichzeitig 3,435 Liter.

Pfund kürzten meine Hofköche mit Pfd ab. Es ist eine lateinische Gewichtsbezeichnung. Im alten Rom war ein Pfund gleich 327,45 Gramm schwer. Dem entsprach später das Gewicht von 240 Pfennigen und galt lange noch als Bezugsgröße unabhängig vom Metallwert der Pfennigmünze. Doch örtlichen Schwankungen unterworfen konnte ein Pfund durchaus unterschiedliches Gewicht aufweisen. In Preußen war ein Pfund 32 Loth, dies bedeutete 128 Quentchen, gleich 467,71 Gramm. In meiner königlichen Hofküche war Pfund ein allgemein übliches Maß für verschiedene Produkte. Fleisch, Fisch bis hin zum Gemüse wurden in Pfund gemessen, wenn sie nicht nach Stück berechnet wurden. Nach meiner Zeit wurde im Wiener Münzvertrag von 1857 ein Pfund mit einem halben Kilogramm in Anschlag gebracht.

Scheffel ist in deutschen Staaten ein gebräuchliches „Maß für schüttbare feste Körner" wie beispielsweise „Getreide". Ein preußischer Scheffel umfasste 54,962 Liter, ein sächsischer war fast doppelt so groß „und das bayrische Schäffel" sogar über viermal größer als ein preußischer Scheffel. Teilweise galt der Scheffel auch als „ein Feldmaß" bei der „Aussaat".

Schock richtet sich nach Stückzahl. Ein Schock entsprach 60 Stück.

Ein Quant oder Quentchen entsprach zu meiner Zeit einer äußerst kleinen Gewichtseinheit. 1 Quentchen war in Preußen 3,65 Gramm.

Quart und Quartel wurden in der preußischen Hofküche als Gewichtsangabe benutzt, beispielsweise beim Buttermaß. Oftmals wird ein Quart als Bezug für ein Viertel genommen. Es gilt aber auch als Flüssigkeitsmaß. In Bayern gilt ein Quartel als ein kleines Biermaß.

Meine Fasanerie

Als König ließ ich am „Thiergarten bei Berlin", „ohnweit Charlottenburg eine Fasanerie" anlegen, für die mir „der Oberjägermeister Graf von Schlieben die Vorschläge machte". Der Graf schilderte mir genau die Planungen zur Errichtung meiner Fasanerie: „Nach Ew. Königl. Majest. Mir vor einiger Zeit ertheilten allergdsten Befehl habe zu Anlegung einer neuen Fasanerie ohnweit Charlottenburg, einen bequemen Ort an dem Charlottenburg Felde und dem hiesigen Thiergarten ausgesuchet, welchen zu besichtigen, ich auch den Hrn. v. Knobelsdorff einstmahls mit hausgenommen, der ihn sehr gut, und selbst der anzulegende plantagen und promenaden im Thier-Garten nützlich befindet. Ich habe mich auch nach einen erfahrenen und tüchtigen Fasahnen=Meister mit allem Fleiße umgesehen, und einen der Sprewitz heißet, und sich sehr gut darauf, auch überhaupt auf allerley Vogelfang, und besonders der Ortolanen verstehet; nicht weniger eine gute anzahl lebendiger Türkischer und hiesiger Fasahnen, nebst Pharonischen oder piquirten Hünern besitzet, wovon viele junge gezogen werden können, aufgefunden."

Dem Schreiben des Oberjägermeisters ist weiterhin zu entnehmen: „Wenn nun Ew. Kön. Majestät annoch der allergdsten

Willens=Meinung seyn, daß eine Fasanerie ohnweit Charlottenburg angelegt werden solle, so frage hiermit aleruntrthgst an, ob Ich soll einen Anschlag davon machen lassen, und höchst Deroselben übergeben? auch das Tractement vor den zu bestellenden Fasahn=Meister, sodann in allerunterthgsten Vorschlag bringen? damit alles im bevorstehenden Früh=Jahre in Ordnung und zum stande gebracht werden könne, Berlin den 4. Jan. 1742." Ich genehmigte ausdrücklich durch Hinzufügung des Wortes „gutt", die Planungen meines Oberjägermeisters.

Am 13. Februar folgte ein erneutes Schreiben des Oberjägermeisters von Schlieben an mich als König: „Der Rittmeister v. Chasot hat mir mit heutiger Post gemeldet, daß Ew. Königl. Majest. Ihm allergnädigst befohlen, aus Böhmen einen Jäger mit z a 400 Fasahnen vor die neue Fasanerie anhero zu senden. Da nun selbige noch nicht zum Stande ist, so werde inmittelst diesen Jäger und die Fasahnen in das Potsdamsche par force Haus allwo Wohnung und Gärtner vorhanden sind, bringen, bis hiernächst Ew. Königl. Maj. bey Dero Gott gebe! glücklichen Zurückkunft allgdst. Befehlen werden, wie alles ferner gemacht werden soll? Den hiesigen Fasahn=Meister habe ich nach Ew. Königl. Majest. allergnädigsten Befehl vom 6ten vorigen Monaths bereits angenommen und ad interim untergebracht, welcher auch mit denen bey sich habenden Fasahnen und pharonischen oder piquirten hühnern deren Brüth=Zeit anjetzo angehet, auch mit Abrichtung der Lock=Vögel zum ortolanen=Fang in voller arbeit ist; und mit Anrichtung der Fasanerie bey Charlottenburg werde, so bald das Wetter völlig offen wird, den Anfang machen. Da aber kein Fond zur Bestreitung der Kosten vorhanden, so frage allerunterthgst an, ob die nöthige Kosten dazu aus dem Ueberschusse der diesjährigen pommerschen Forst=Gefälle genommen werden sollen? damit weder Ew. Königl. Majest. Casse noch der Etat dadurch beschweret werden dürfe."

Ich fügte ein erneutes „gutt" als „Mündlichs Decret" hinzu gab außerdem „Ordre am Directorium 300 Th." anzuweisen. So ließen die ersten Fasane in Berlin nicht lange auf sich warten, noch im Dezember 1742 wurde eine Lieferung von „150 Stück Fasanen aus Halle" vermerkt.

Mein königlicher Leibkoch zu sein war ein gut besoldeter Posten. Der erste Oberhofküchenmeister war ein gewisser Emile Joyard und kam aus Lyon. Der Maitre war der Schwiegersohn von meinem Hofmaler Antoine Pesne. Sein Nachfolger wurde Andreas Noel aus Perigeux. Der neue französische Küchenchef war Sohn des weltberühmten Pastetenbäckers aus Angouleme. Er pflegte einen sehr vertrauten Umgang mit mir. Im Anschluss an ein wohlschmeckendes Gericht widmete ich meinem Leibkoch Noel eine Lobeshymne in Form eines Gedichtes, in dem ich meinen Koch als großen Held rühmte, der sich mit „Wunderkost" und „Götterspeise" meisterlich des „Namens Ewigkeit erworben" habe. Der berühmte römische „Prasser Lucullus" hatte nichts „so vortreffliches" speisen können wie ich als Preußenherrscher, dank Noel. Ich schrieb meinem Koch: „Was kochen kann, in allen Küchen, der alten und der neuen Welt, der muß vor Ihnen sich verkriechen; Sie sind ein großer Küchenheld." Der Koch war für mich oftmals wichtiger als mein Leibarzt. Von meinem Küchenchef Noel war ich der Auffassung, er kann „mir meine Kräfte erhalten", wie ich in einem vertraulichen Schreiben an den Marquis d' Argens im Oktober 1759 anmerkte. Noel bekochte mich nach Wunsch. Als ich von meinem Freund General Fouqué eine Sendung Magdeburger Trüffel zugeschickt bekam, ließ ich meinen Freund wissen: „Noel macht davon eine Pastete" und weil die Trüffelpasteten von Noel so gut schmeckten, schickte ich meinem Freund eine dieser Noelpasteten zum Kosten zu.

Insgesamt wirkten in meiner Hofküche zwölf talentierte Köche. Jeder galt als besonderer Meister für spezielle Gerichte. Die Hofköche kamen aus Frankreich, Italien, Deutschland, England und Russland. Einer Personalaufstellung aus dem Jahre 1784 zufolge bestand mein Hofstaat neben den Hofchargen, Stallmeistern, Kutschern Musikern, Opernsängern, Balletttänzern und Gärtnern aus 25 Köchen, 3 Bäckern oder Konditoren, 8 Kellerbediensteten sowie 4 Silberdienern. Die Königin und meine Geschwister hatten eigene Hofleute und Küchenpersonal. „Bekanntlich aß" ich „gern und lange, oft mit einer zahlreichen, ausgesuchten Tischgesellschaft, so daß die Küche vollauf mit allen Mann beschäftigt war." Die doppelte Hofhaltung, in Potsdam und Berlin erforderte ebenfalls einen höheren Aufwand, der in diesen Zahlen seinen Niederschlag findet.

Zum Personal meiner Hofküche gehörte ein Küchenschreiber, der genau über die verwendeten und konsumierten Speisen und Zutaten Buch führte. Einer dieser Küchenschreiber war mein Hofkoch „Miedke". Diesem und anderen Küchenschreibern ist es zu verdanken, dass meine Küchenzettel als informative kulinarische Quelle noch lange nach meiner Zeit beredtes Zeugnis abzulegen vermögen. Die handschriftlichen Aufzeichnungen haben sich weitgehend bis in die Moderne erhalten und stellen einen kulturhistorisch äußerst aufschlussreichen Fundus dar. Wobei die Schreib- und Redewendungen der damaligen Zeit viele Rätsel aufgeben, deren Lösung einen hohen Zeitaufwand erfordern. In den Dokumenten meiner Küchenschreiber ist der Verbrauch der friderizianischen Hofküche gründlich dokumentiert. Der Küchenschreiber hielt die tägliche Speisefolge an meiner Tafel fest, ebenso die Menüfolge für die Gäste. Auf den Küchentageszetteln vermerkte ich teilweise eigenhändige Änderungen. Dem Küchenzettel vom 23. Oktober 1780 ist zu entnehmen, dass die vorgesehene Menüfolge nicht auf meine Gegenliebe stieß: Laut Küchenschreiber habe der König „diesen Vorschlag" durchgestrichen „und schrieb folgende Speisen eigenhändig auf. 1. Suppe mit Zuckerwurzeln, 2. Glacierte Rebhüner-Flügel mit Carden in Form der grünen Erbsen, 3. Kleine Pasteten auf römische Art, 5. Gebratene Lerchen, Klops von Kalbfleisch auf englisch". Die Speisen, die mir besonders schmeckten, soll ich „mit einem schlichten Kreuz" markiert haben.

Zubereitungsarten meiner Köche

„a la braisé"

Französisch „geschmort" und a la braisé bedeutet: Unter Verwendung einer stark würzigen Schmorbrühe wird „Fleisch oder Geflügel" zum Garen gebracht. Scharf gewürzt, so liebte ich es als König zeitlebens. Auf diese kräftig würzige Art wurden mir in Berlin am 23. November 1741 beispielsweise geschmorte Enten bereitet. Aber nicht nur Fleisch und Geflügel wurden in „gutgewürzte Brühe" gelegt und durch „braisieren" gegart, sondern auch Gemüse.

„écrasé" und „hachée"

"Ecrasse" oder auf französisch „écrasé" bedeutet soviel wie überhäufen, zerdrücken, zerkleinern.
Es gibt viele Worte für diese eine Art der Speisezubereitung: „Hacelet, Hachis, Hachée" oder Haschee. „Hachis" ist die „Bezeichnung für Kleingehacktes". „Hachée, Hachis" kommt aus dem Französischen und bedeutet soviel wie hacken, von „hacher". Es wird als warmes Gericht konsumiert und oftmals „aus gebratenem oder gekochtem gehacktem Fleisch, Fisch" und anderen Küchenprodukten bereitet. Haschee wird meistens auch „aus bereits gegartem Material" zubereitet. Beispielsweise kommt es auf den Tisch als Kalbshaschee, Hühnerhaschee oder „Lungenhaschee". Der wohl unterwiesene Koch serviert eine dazu passende Sauce. Ich konnte dieses bekömmlich zubereitete Haschee beständig genießen, so am 15. November anno 1741 zu Berlin. Es war zur Mittagstafel und an einem Mittwoch, wenn ich mich richtig entsinne.

5. Die Leibspeisen meiner königlichen Tafel

Zum Entré - Vorspeisen

Die Suppen

Bei dem vielen Rindfleisch, was meine Köche anno dazumal verarbeiteten, war es mir gemäß meiner Vorliebe beständig vergönnt eine kräftige „Bouillon" als „Rindfleischsuppe" zu schlürfen. Diese Gewohnheit behielt ich zum Ärgernis meiner Leibärzte nahezu bis kurz vor meinem Tode bei, wie nachgeborene Hofchronisten immer wieder entsetzt feststellten. Neben dem lebenslangen Konsum der Rindfleischsuppe verspeiste ich äußerst gerne auch Kalbfleischsuppe. Sie stand am Donnerstag, dem 30.11.1741, in Berlin zur Mittagszeit auf meinem Speisezettel. Ähnlich der Hühnersuppe wurde mir die Kalbfleischsuppe in vielfältigen Variationen serviert, mal mit und mal ohne Kräuter.

Neben den Fleischsuppen wurden Suppen in Verbindung mit Fisch geköchelt. „Fischklößchensuppe" beispielsweise am Mittwoch, dem 1.11.1741, in Neiße bei der dortigen Mittagstafelei oder eine „Suppe von Carpen" am Dienstag, dem 14.11.1741, mittags zu Berlin.

Ebenso gereichten mir meine Köche Gemüsesuppen zur Verkostung, mal mit Schalotten, mal mit Pilzen oder Teltower Rübchen. Darüber hinaus fanden vielfältige Gemüsesorten Eingang in meine Suppenküche. „Selleriemussuppe" verspeiste ich am Donnerstag, dem 2.11.1741, mittags in Brieg. Ich war zwar kein Trüffelfetischist so wie andere Könige meiner Zeit, dennoch gab es schon mal gelegentlich eine Trüffelsuppe. „Sonntags den 1ten September 1743 in Potsdam" begann meine königliche Mittagstafel mit zwei allerfeinsten Suppen mit Trüffeln.

Eine „Kohlsuppe à la Fouqué, mit Rebhuhn und Speck" servierte mir mittags die Hofküche am 5. August 1786. Mir ging es damals nicht so gut, das Ende meiner Zeit näherte sich. Genau genommen waren es zwölf Tage vor meinem leibhaftigen Tode. Mein französischer Koch sagte zu der Suppe: „Soupe aux choux à la Fouqué avec Perdrix et petit lard". Nachgeborene mögen daran erkennen, wie sehr ich ein Genießer an der Tafel war, bis ans bittere Ende meiner Tage.

„Consommé" - Die Bouillon, Basis jeder guten Suppe

Zur Speisefolge meiner königlichen Tafel gehörte als Entré eine „Potage", so nannte man die feinere Suppe nach französischer Manier. Grundlage dieser Vorspeise, die stärkende Bouillon, ließ ich von meinen Hofköchen gerne zu einer exquisiten Suppe verfeinern. Sie ist eine köstliche Kraftfleischbrühe, die ich immer wieder gerne als Suppe verfeinern ließ. Diesen Hochgenuss gönnte ich mir nahezu bis ans Ende meiner Tage. Der Hofchronist bemerkte dazu: „heute, den 30. Juni" 1786, hatte der König „sehr viel Suppe zu sich genommen und diese bestand wie gewöhnlich in der allerstärksten und aus den hitzigsten Sachen gepreßten Boullion." Der „hannöversche Leibarzt Ritter Zimmermann", der mich kurieren sollte, konnte mir als königlichen Patienten die Lieblings-Bouillon nicht ausreden, wobei ich sie trotz meines angegriffenen Gesundheitszustandes noch besonders würzte. Der Hofchronist behauptete gar: „Zu der Portion Suppe nahm er einen großen Eßlöffel voll von gestoßenen Muskatblüthen und gestoßenem Ingwer." Geschehen und gesehen zwei Wochen bevor ich starb.

Die von mir so sehr bevorzugte Kraftfleischbrühe wird gewonnen aus Rindfleischabschnitten, Rinderknochen Wurzelgemüse, „wie Karotten, Lauch, Petersilienwurzel, Sellerie, Zwiebeln" und alles wird mit „Knoblauchzehen mehrere Stunden lang

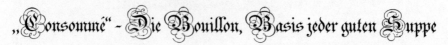

gekocht". Anschließend erfolgt in der Bouillon das Rindfleischgaren und es wird „zum Schluß die Brühe passiert, entfettet und geklärt." Bei einer dunklen Bouillon werden vorher das „Gemüse und der Knoblauch gebräunt". Die Bouillon ist die „Basis der consommé". Diese ausgesprochen kräftige französische Form wird „consommé" genannt, vom französischen Wort „consommer", was „vollenden" bedeutet. „Consommé" wird bereitet „aus Bouillon und Rindfleisch". „Consommé double" ist eine „doppelte Kraftbrühe, im Verhältnis zur Consommé wird die doppelte Menge Fleisch genommen." Eine gute „Consommé" lässt sich vielfältig bereiten, auch als „Consommé Royal". Dabei wird sie „mit Eierstich" verfeinert. Als „Consommé Navarin" wird die Rinderkraftbrühe mit eingelegten „Krebsschwänzchen" versehen. Bei der „Consommé de faisan" wird die Kraftbrühe nicht vom Rindfleisch sondern vom Fasan gezogen, wobei „Streifen von der Brust und gerösteten Weißbrotwürfelchen" hinzugegeben werden. „Fischconsommé" trägt die Bezeichnung „Consommé de poisson" und „Hühnerconsommé" nennt sich „Consommé Madriène" und für „Geflügelkraftbrühe" wird in der französischen Küchensprache der Name „Consommé de volaille" gebraucht.

„Suppe von Cappaunen"

Diese Suppe servierte mir meine Hofküche an einem Montag zu Berlin, am 27. November anno 1741, bei der Mittagstafel.

So ward zu lesen: Nehmet den „Capaun, der ein wenig mortisicirt ist, und nachdem ihr ihn sauber gerupft und ausgenommen, so blanschieet ihn im heissen Wasser, bieget ihn ein, und kocht ihn in einer guten Brühe mit viel Speckstreiffen". Vergesset nicht in diesen Ansatz viele Zwiebeln und einige Zitronenscheiben hinzuzugeben. Wenn der „Capaun" wohl „gar geworden, so lasset ihn in seiner Brühe stehen, bis ihr denselben anrichten wollet oder [er] weiter zu verarbeiten ist". Um die Suppe „noch herrlicher zu machen" gebet die nicht benötigten „Capaun"-Teile wieder in die Potage und kochet sie erneut mit „Brodt" und „Semmelrinden" und wenn es „aufgeschwellet", so ist die Potage zu würzen und etwas vom besten Fleisch des Cappaunen hinzuzufügen. Aber „jetzo" kann es dann aufgetragen werden.

„Suppe Julienne"

Bei meiner Suppe Julienne werden delikate Gemüse, Trüffel und

Schinken in gleichmäßig feine Streifen geschnitten und in Butter mit Bouillonbeigabe nur sehr leise gedünstet. Zusammen fungieren sie „nachhero" als sättigende Suppeneinlagen. Beim Anrichten der Suppe gebe geröstete Schrippenscheibchen hinzu. Eine Suppe „Julienne" konsumierte ich am 19.12.1770 mittags zu Potsdam.

„Suppe ala fon bonne"

Eine kräftige Bratensuppe wird nach Hausfrauenart mit einfachen Zutaten bereitet. Derartig würzige Hausmannskost servierten mir meine Berliner Köche kurz vor Weihnachten, am 23. Dezember anno 1770 mittags zur Tafelrunde.

„Entensuppe mit weißen Rüben"

Zwei „Suppen von Enten mit weißen Rüben" gereichten mir meine schlesischen Landsleute am 7. November anno 1741, dem Huldigungstag zu Breslau, bei der festlichen Mittagstafel. „Dero" Entensuppe konsumierte ich regelmäßig in Berlin, so geschehen im November bei meiner Mittagstafel am 24. und am 29. anno 1741. Diese wohlfeile „Suppe von Ente mit weißen Rüben" kam immer wieder auf den Tisch, so auch im Schloss Charlottenburg. „Dortem" servierten mir meine Hofköche diese vortreffliche Suppe nachweislich am Dienstag, dem 03. September 1743.

„Suppen von Hühnern"

Hühnersuppe verspeiste ich nach jeder Fasson. Am Freitag, dem 17. November 1741, in Charlottenburg zur Mittagszeit mit meinem Bruder Prinz Heinrich und zwei Tage später nochmals, wieder mittags zu Charlottenburg. Acht Tage „hernach" in Berlin, am Sonnabend, dem 25. November anno 1741, tischten mir mittags die Hofköche eine „Suppe Santé von alten Hünern" auf und am nächsten Tag eine Hühnersuppe mit „Locken", also Nudeleinlage.

Mit Kräutereinlage gereichten mir die Hofköche die Hühnersuppe am 22. November 1741 mittags zu Charlottenburg. Und in Sanssouci verspeiste ich zusammen mit meinem Philosophenfreund Voltaire eine Hühnersuppe mit Porree und Parmesankäse am 8. Juni 1752, genannt „Käsesuppe á la Suisse".

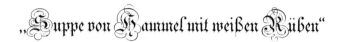

„Suppe von Hammel mit weißen Rüben"

Hammelsuppe mit weißen Rüben „credenzten" mir meine Köche beim Mittagsmahl mit meiner Frau Königin-Mutter am Montag, dem 13. November anno 1741 in Berlin, zur Königl. Tafel.

„Soupe aux Salssiefe" - Schwarzwurzelsuppe

Meine Köche nannten die Schwarzwurzeln „salsifis". Sie zeichnen sich durch einen „spargelähnlichen Geschmack" aus, und ich schätzte sie als „feines, wohlschmeckendes und leicht verdauliches Gemüse". Dieses Wurzelgewächs wurde in meinen Gemüsegärten vielfach angebaut. Die außen schwarzen und innen weißen fingerstarken Wurzeln fanden auch als Salat Verwendung. Wegen ihres süßlich herben, aber äußerst angenehmen Geschmacks wurden sie von meinen Zeitgenossen manchmal mit der Zuckerwurzel verwechselt. Auf meinen ganz persönlichen Wunsch hin bereitete mir am 23. Oktober 1780 die Hofküche zum Mittagsmahl eine „Soupe aux Salssife". „Vorhero" hatte ich eigenhändig den Speiseplan des Tages auf dem Küchenzettel entsprechend abgeändert.
Sie wurde mit heller, kräftiger Fleischbrühe bereitet. Die Fleischbrühe vermische mit einer hellen Mehlschwitze aus Butter und Mehl. „Fuerhero" putze die Schwarzwurzeln, schneide sie in Stücke und koche sie in Wasser unter Hinzugabe von etwas Zitronensaft, Salz und Pfeffer langsam weich. „Hernach" lasse sie in einem Sieb abtropfen und lege sie in die Fleischbrühe. Kurz vor dem Anrichten rühre noch zwei oder drei in Rahm zerquirlte Eidotter darunter.

Kalte Vorspeisen

„Crevettes" / Krebse

Krebse gab es zu meiner Zeit als beliebte Vorspeise. Sie wurden kalt oder warm und auch zu Suppen und Pasteten verarbeitet. In Brandenburg-Preußen konnte jedermann Krebse auf den Märkten kaufen. Berlin und sein Umland gehörten „vorhero" zu den krebsreichsten Fanggebieten Deutschlands, denn die Fanggründe der Spree waren reich an Krebsen. Erst in der Mitte des Jahrhunderts nach mir führte die Krebspest zu einem zeitweiligen Aussterben dieser leckeren Edelkrebse.

Noch heute verzehren die Berliner gerne Havelländer Flusskrebse, die bereits in meinen Töpfen landeten. Krebse sind in vielfältiger Ausprägung anzutreffen, und so verspeiste ich sie nach jeder Fasson. Die Kurzschwanzkrebse, Krevetten oder Krabben genannt, als auch die Langschwanzkrebse, wie die Garnelen, bereicherten meine königliche Tafel zu hauf. Krabben und Garnelen konsumierte ich unter der französischen Bezeichnung „crevettes". Krevetten wurden als Süßwasserkrebse, aber auch vom Meer aus dem Salzwasser bezogen. Krebse befanden sich ausdrücklich auf der gedruckten „Consumtions"-Liste meiner Hofküche, die nur gut 30 Küchenprodukte umfasste. Daraus kann noch heute einjeder schließen, wie wichtig mir die Krebse waren. Diese in allen Süßwassern Preußens vorhandenen Gliederfüßer nannten die französischen Köche „écrevisses". Auf gut deutsch wurden sie als Flusskrebse bezeichnet. In den Monaten ohne „r" schmeckten mir die Krebse am besten. Sie fanden ständige Verwendung in meiner Hofküche und wurden schockweise, also immer zu 60 Stück, in meiner Verbrauchsliste aufgeführt.

„Bain" - Sulzbrot

Als König konsumierte ich am Mittwoch, dem 29. November 1741,

„Pain mit Safran". Das Wort kommt aus Frankreich und bedeutet Brot. Wobei es in der königlichen Küche oftmals ein Sulzbrot bezeichnet. Dies ist eine Art Pastete, bei der die Rohmasse mit bestimmten Beigaben vermischt wird, manchmal in Form von gewürfeltem Material. „Die pains werden in einer kleinen Form ohne Teigkruste und fast immer in Aspik gereicht". „Pain" kann aus eingelassenen Fleischkäsestreifen bestehen, aus Geflügel oder aus Leber. Manchmal wird „Pain mit Krebsschwänzen, Kapern, Trüffeln und Sardellen" verziert und schließlich eine „Rémouladen-Sauce" hinzugefügt.

„Italienischer Salat"

„Italienischer Salat" ist ein „Gemisch von Fleisch, Fischen und Gemüsen". Bei meiner Berliner Tafelei wurde mir dieser Feinschmeckersalat am Freitag, dem 24. November 1741, zur Konsumtion als Extraleistung der Küche gereicht. Dazu nimm 250 Gramm vom guten Kalbsbraten und 125 Gramm Pökelzunge, außerdem ebenso viele Heringe und Sardellen. Schneide alles fein scheibchenweise auf. Zusätzlich füge noch Äpfel und Senfgurken sowie gekochte „rothe Rübchen" hinzu. Mische alles mit drei Esslöffeln Kapern. Dann mache es „mit reichlichem Provenceröl, feinem Essig, wenig Salz und ziemlich viel Pfeffer" an. Verziere es mit Essigkirschen, Cervelatwurst und eingemachten Champignons. Nun ist es zur Konsumtion bereit.

Schinken nach jeder Fasson

Schinken gehörte zum beständigen Vorrat meiner Hofküche. Ich verspeiste ihn in vielerlei Machart, mal kalt, mal warm, meistens als Vorspeise. Am Freitag, dem 5. April 1743, aß ich westfälischen „Schinken naturell", auch Berliner Schinken wurde konsumiert. Zur Vorspeise wurde am Donnerstag, dem 30. November 1741, mittags zu Berlin „Schinken mit Leberwurst garniert" serviert, sowie zwei Tage zuvor ebenfalls in Berlin zur Mittagszeit ein „Ragout von österr. geschnittenem Schinken".

Beim Schinken ging es an meiner Tafel geradezu international zu. Es gab Schinken aus aller Herren Länder, der auf meinen Tellern landete. Schinken, so wie ihn meine englische Verwandtschaft liebte, gereichten mir meine Köche in Charlottenburg am Mittwoch, dem 22. November des Jahres 1741. Meine Mutter war eine Schwester des englischen Königs Georg. Sie konsumierten den Schinken gerne „ala anglais", also rosarot gegart, und so setzten mir meine Hofköche natürlich derart „Schinken a l'Anglaise" vor. Spanischen Schinken gab es beispielsweise zum Mittagsmahl am Sonnabend, dem 25. November 1741, in Berlin oder am 1. Dezember anno 1770, ebenfalls in Berlin zur Mittagstafel. Mein Küchenschreiber überliefert deutlich lesbar für diesen Tag: „Schinken al'Espagnol".

„Kiebitz Eyer mit Butter"

„Kiebitz Eyer" gehörten zur kalten Vorspeisefolge meiner Mittags- und Abendtafel am Donnerstag, dem 18. April 1743, in Potsdam. Ganze 50 Stück wurden davon an diesem Tag laut meiner Küchenkonsumtionsliste verbraucht. Und da sie mir so gut mundeten, bestellte ich mir am darauf folgenden Samstag noch mal eine entsprechende Portion als Extra-Küchenleistung. An diesem Tag vermerkte mein Küchenschreiber den Verbrauch von 44 Stück „Kiebitz-Eyern".

Frische Kiebitzeier werden in einem Topf mit kaltem Wasser angesetzt und etwa 10 Minuten lang geköchelt. Nun die Eier kalt abschrecken, pellen und teilen. Serviere sie mit frisch zerlassener Butter und eventuell mit klein gehackten Trüffeln.

Oft ging es um die Wurst

Wer meint, ich hätte mich nicht mit kleinen oder großen Würstchen abgegeben, der irrt. Besonders oft und mit Vorliebe konsumierte ich

„Braunschweiger Wurst". „Braunschweiger" konsumierte ich nahezu täglich. Selbst auf Reisen galten sie mir als guter Reiseproviant. Am Donnerstag, dem 21. März 1743, befand ich mich auf der Fahrt von Berlin nach Braunschweig. Ausdrücklich ließ ich mir zur „kalten Küche" diese wohlschmeckende Wurst mitgeben. „Braunschweiger Wurst geschnitten" servierten mir die Köche abends am 3.9.1743 zu Charlottenburg. „Servelat Wurst" und „Mortadellen" gab es zum Huldigungsmahl in Breslau am Dienstag, dem 7. November anno 1741. „Leberwürste" standen nicht nur wochentags sondern ebenso an Sonntagen auf meinen Speisezetteln. Als Extraküchenleistung servierte mir meine Hofküche zu Berlin zur königlichen Tafel mittags drei Leberwürste. Es war der 26. November anno 1741 und auf meinem Speiseplan stand „Leberwurst garniert mit Braunschweiger Wurst". Und zwei Tage zuvor am Freitag, bei der Abendtafel in Berlin, gab es ebenso delikate Leberwurst. Am Donnerstag reichten die Berliner Hofköche sogar mittags sechs Leberwürste zu meiner Tafelrunde. Es gab diese Kochwürste vielfältiger Zubereitungsart, als Schweineleberwurst, ebenso als feine Kalbs- oder Gänseleberwurst. Besonders die Berliner und auch die Braunschweiger Leberwürste waren mir wohl bekömmlich.

 Kleine „Canapés"

„Canapés" galten als mundgerechte Vorspeise. Derart kleine Brotschnitten wurden mir als König zur Vorspeise serviert. Es gab sie nicht nur mit Wurst und Käse, sondern auch mit Fisch. „Canape von Sardellen mit Öhl" habe ich am Sonntagmittag, am 1. September anno 1743, in Potsdam zur Konsumtion erhalten.

 „Pasteten von allerley Hünern und Federvieh"

Fette Hühner, Kopfhühner, junge und alte Hühner sowie zarte Haselhühner und vielerlei anderes Federvieh musste zur königlichen Pastetenbereitung herhalten. In Schüsseln und Terrinen bereiteten meine Hofköche Gelatine, Kastenpasteten, „Bouchés", „Krustaden" und „Rissolen", Pasteten nach vielerlei Geschmack. Das Pastetenbereiten galt geradezu als Kunst und die französischen Köche verstanden sich auf vorzügliche Weise darauf. Sie servierten mir eine "Pastete von fetten Hünern mit Champignons und Trüffeln" am Dienstag, dem 3. September 1743, mittags in Charlottenburg. Pasteten von „Kopphüner[n]" notierte beim Mittagsmahl mit meiner Königin Mutter mein Küchenschreiber anno 1741 auf meinen Küchenzetteln. Das war am Montag, dem 13. November, und am darauf folgenden Tag gab es erneut Pasteten von „Kopphüner[n]". Eine Woche später, am Montag, dem 20. November 1741, wurden mir mittags nochmals „Kopphüner"-Pasteten offeriert. Diesmal weilte ich zur Tafelrunde in Schloss Charlottenburg. Weitere drei Tage später, am Donnerstag, dem 23. November 1741, saß ich in Berlin zu Tische und wieder wurde mir diese Hühnerfleischpastete vorgesetzt. Wer darin nur eine Berliner Spezialität sieht, der irrt. Auch in Schloss Sanssouci gereichten mir meine Hofköche eine „Pastete von Kopphünern", allerdings manchmal mit Trüffeln, wie am Samstag, dem 18. November 1741. Gelegentlich speiste ich auswärts. Dann wurde mir die Pastete im Küchenwagen hinterher gebracht und einfach aufgewärmt. Dann und wann bemühten sich meine Hofköche, die Hühnerpastete nicht nur im Küchenwagen hin und her zu transportieren, sondern etwas mit Trüffeln oder Austern zu verfeinern. Eine Woche hernach, am Sonnabend des 25. Novembers 1741 waren meine Berliner Köche endlich zur Fertigung einer neuen Pastete fähig. Eine frisch zubereitete und äußerst zarte „Pastete von Haßelhühnern" erwartete mich zur festlich gedeckten Mittagstafel. Eine Woche darauf zur Abendtafel in Berlin angekommen, kredenzten mir die Hofköche die „Pastete von Haßelhünern mit Austern".

Pasteten von Hammel, Kalbfleisch und anderen Vierbeinern

Pasteten wurden im Ofen meiner Hofküche gebacken. Zum Ausbacken hielt mein Leibkoch Pastetenformen diverser Art immer bereit. Zum Gelingen einer guten Pastete genügte nicht nur der äußere Schein. Trotzdem galt es erst einmal den äußeren Schein zu wahren, indem mein Koch darauf achtete, die Hitze klein zu halten. Die Ofentür sollte nicht zu oft und zu weit geöffnet werden, denn sonst drohte der Teigmantel anzubrennen. Mit größter Sorgfalt war auf die schonende Wärme des Ofens zu achten, um ein Anbrennen des Teigmantels zu verhindern.

Immer wieder musste ich meine Hofköche erneut belehren, dass sie bitte darauf zu achten hätten, dass bei Verwendung von Restfleisch alles „in Butter gedämpft werden" müsste, um die „Pastete gut werden zu lassen". Natürlich hatte der Koch die sehnigen „Theile" vom Fleisch zu entfernen, einschließlich der Haut.

Je nach Fleischsorte kam ein unterschiedliches Rezept zum Tragen. Mal war es ein Blätterteig, mal benutzten meine Köche einen Butterteig. Es galt nicht nur die gute Form zu wahren, sondern zweifelsohne musste der delikate Geschmack stimmen und das war oftmals eine Frage der Gewürze oder der Fleischart. Zum Einlegen wurden neben Geflügel auch Rind, Hammel, Lamm und Kalb sowie Wild und Innereien verwendet. Besonders schmackhaft wurden Pasteten unter Einsatz von roher Fleischfarce. „Pastete von Hammel a l'Anglise", diese Art, die ich gemäß meiner englischen Verwandtschaft konsumierte, wurde aus roherem Fleisch bereitet. Dies durfte ich mittags am Freitag, dem 17. November 1741, in Potsdam genießen. Aber nicht nur zart rosafarbenes Hammelfleisch benutzten meine Hofköche zur Pastetenbereitung, sondern ebenso geschmorte dünne Fleischscheiben vom Hammel dienten zur Herstellung. Sie wurden „kleine Pasteten von Hammel carbonade" genannt. Solch eine Hammelfleischpastete genoss ich beispielsweise am Mittwoch, dem 15. November 1741, in Berlin zur Mittagsmahlzeit. Gleichfalls reichten mir meine Hofköche diese Pastetenart mittags am 1. September 1743 in Potsdam. Doch gab es Pastete „Carbonade" nicht nur aus Hammelfleisch. Auch entsprechend dünn geschnittenes und geschmortes Kalbfleisch diente der Pastetenbereitung. Ich genoss sie am Mittag des 24. Novembers anno 1741 an einem Freitag zur Mittagszeit in Berlin. Vierzehn Tage später, wieder zur Mittagszeit in Berlin, da schrieb erneut mein Koch auf seinen Zettel: „Pastete von Hammel".

„Pasteten von Kalbfleisch" standen am Sonntag, dem 12. November 1741, in Berlin auf meinem Speisezettel und am Sonntag, dem 26. November 1741, verspeiste ich beim Mittagsmahl zu Berlin als Extrakonsumtion an der königlichen Tafel zu Berlin „Kleine Pasteten von Kälbermilch". Also eine Pastete aus dem teureren Teil des Kalbs, aus dem Kalbsbries.

„Kleine Pasteten von Kalbfleisch" konsumierte ich am Sonntag, dem 19. November 1741, in Charlottenburg zum königlichen Mittagsmahl. Acht Tage hernach, am Montag, dem 27. November 1741, verwöhnten meine Hofköche zu Berlin mich erneut mit diesem Gericht, aber diesmal als Extra-Küchenleistung auf dem Speisezettel, ebenso am nächsten Tag zur Mittagstafel.

„Pastete von Austern" und Trüffeln

Austernpasteten und Trüffelpasteten behielt ich mir mehr oder weniger in Verbindung zu Festtagsessen vor. Sie waren keineswegs eine in unbotmäßiger Fülle konsumierte Alltagskost an meiner Tafel. Austernpastete gab es kurz vor Weihnachten, am 22. Dezember 1770, bei meinem Mittagsmahl zu Berlin. Die „Pastete von Austern" stellte eine wohlmundende Bereicherung meiner Konsumtion dar. Als König ließ ich mir „jährlich eine Pastete von dergleichen Schwämmen aus Periogord kommen." Mein Freund „Fouqué hatte aus Kroatien" sich „einige zur Aufsuchung der Trüffeln abgerichtete Hunde mitgebracht, und durch diese in der Gegend von Magdeburg und Halberstadt Trüffeln gefunden, die den Italienischen nichts nachgaben." Aus diesen deutschen Trüffeln „ließ Fouque eine Pastete nach Periogorder Art anfertigen und schickte sie" mir. Diese empfand ich als sehr köstlich. Und „nachhero" ließ ich aus „Magdeburger Trüffeln" von meinem Leibkoch Noel eine Pastete bereiten und verschenkte diese dem General.

Warme Vorspeisen

„Blanquette" von Huhn

Frikassee vom Huhn wurde in der alten Küche auch manchmal „Blancmanger" genannt und wird daher von der Bezeichnung oftmals verwechselt mit der Nachspeise gleichen Namens. Hühnerfrikassee oder „Blanquette von Huhn" wurde relativ oft an meiner königlichen Tafel konsumiert, denn mit zunehmendem Alter stellte es eine höchst leicht verdauliche Speise dar, die nur wenig Kraft beim Biss erforderte. Diese Speise ist keineswegs zu verwechseln mit „Blancmanger" als kalte Nachspeise, die aus Mandelmilch gewonnen wurde und die ich ebenfalls sehr gerne genoss. Frikassee, aus weißem Fleisch bereitet, meistens aus Hühnern oder Fasan, konnte „aber auch mit Kalbfleisch oder Fisch zubereitet werden", ebenso aus „Tauben-Blanquettes". Das Geflügelklein und auch anderes Fleisch wurde besonders zart, da meine Köche es in sehr kräftiger heller Fleischbrühe dämpften, oftmals unter Hinzufügung von Gemüse, wie „Chalotten und Möhren", Schwarzwurzeln, Spargel und Blumenkohl. So entstand der mit „einer hellen Mehlschwitze verdickte Blanc". Alles wurde gerne mit „Semmelklößchen, Krebsschwänzen" oder gekochtem Blumenkohl gegessen.

Preußische Maultaschen

In Norddeutschland sind heutzutage Maultaschen aus der Mode gekommen und nur noch vereinzelt als schwäbische Spezialität bekannt. Zu meiner Zeit wurden Maultaschen vielfältiger Fasson gerne konsumiert. Es gab süße und herzhafte Maultaschen. Die herzhaften Maultaschen gab es als warme Vorspeise, aber auch als „Beygericht". Als „Extra"-Küchenleistung brachten mir die Hofköche gebackene Maultaschen an meine Berliner Tafelrunde. Es war am 24. November 1741, als meine Braunschweiger Verwandtschaft zu

Besuch weilte.

Zu meiner Zeit wurden Maultaschen in Preußen aus „dünn aufgerolltem Blätterteig" oder aus Hefeteig bereitet, denn Hefe gehörte zu den beständig vorhandenen Produkten meiner Hofküche. Meine Köche benannten die Hefe mit dem Wort „Bärme". Wie bereits erwähnt wurde Hefe unter der Bezeichnung „Bärme" anno 1774 ausdrücklich auf meiner nur gut dreißig Küchenprodukte umfassenden gedruckten Konsumtionsliste aufgeführt. Meine Köche schnitten den Hefe- oder Blätterteig in „viereckige Stückchen" und gaben in die Mitte eine Füllung. Alle vier Ecken wurden „übers Kreuz zusammen" geklappt und so entstand die gefüllte Teigtasche. Damit sie gut zusammenhalten, überstreiche die Maultaschen mit Ei. Süße Maultaschen gab es vornehmlich „zu Kaffee oder Thee". Diese süßen Maultaschen schätzte ich besonders, wenn sie mit Kirschmarmelade gefüllt waren. Sie wurden mit geschlagenem Ei überstrichen und auf dem Blech im Ofen bei guter Hitze gebacken. „Fuerhero" werden die süßen Maultaschen vom Koch mit Zucker bestreut und er „läßt diese im Ofen schmelzen, damit die Maultaschen wie glasirt aussehen" und backt sie „in heißem Schmalz goldgelb". Zum Entfetten lege sie „auf Löschpapier".

Die süddeutschen Maultaschen, vornehmlich die schwäbischen quadratischen Teigtaschen, werden in kräftiger Fleischbrühe etwa 10 Minuten lang ziehen gelassen und in einer Schüssel voll der Brühe serviert. Die etwa sechs mal sechs Zentimeter großen gefüllten Teigquadrate sind den „italienischen Ravioli" verwandt. Italienische Nudelgerichte kannte ich „vorhero" bereits in meinen Kindheitstagen. Mein Vater war sehr sparsam und so musste ich in jungen Jahren in Salzwasser gesottene Makkaroni essen. Wenn wir Glück hatten, so gab es zum Bestreuen dazu Parmesankäse.

Maultaschen sind ein gefüllter Nudelteig, der in Fleischbrühe gekocht oder in der Pfanne zerschnitten gebraten und heiß serviert wird. Die Füllung besteht aus einer „Farce aus Hackfleisch, Eiern, Spinat, Speck und Zwiebeln, gewürzt mit Basilikum, Muskat und Salz". Auch Brotsamen werden darunter gemischt. In Ermangelung geeigneten „Fleisches kann man auch die Fülle von einigen Bratwürsten unter das Grüne rühren".

Schinken war eine sehr beliebte Vorspeise, die nicht nur zur kalten Küche gereicht wurde, sondern ebenso als warmes Vorgericht, oftmals mit variierten Beigaben, beispielsweise mit „Spinath" oder braunem Kohl. So servierten mir die Köche am Mittwoch, dem 8. November 1741, in Breslau „Braunen Kohl mit Schinken und geräucherten Würsten". Oder der Schinken kam bauerngemäß, doch königlich begehrt als „Rühreier mit Schinken", wie am Sonnabend, dem 3. März 1742, zur Mittagstafel. Am Donnerstag, dem 9. Juni 1846, bei einem meiner Magdeburger Besuche konsumierte ich „Schinken Glasse mit Spinath" - wie mein Küchenschreiber dies in seiner etwas falschen Küchensprache für die Nachwelt festhielt. Genau betrug der Schinkenverbrauch an diesem Tage 18 Pfund und dafür wurden ganze zwei Reichstaler, ein Groschen und sechs Dinar berechnet.

„Pain" ist eine Art Fleischkäse. Er konnte als Spezialität von meinen Hofköchen auch aus Geflügel, einschließlich Tauben und Truthähnen bereitet werden, ja selbst Hammelschwänze fanden eine hinlängliche Verarbeitung. Ein „Pain von Hammelschwänzen mit Ragout von Kälbermilch und Champignons" fand ich als besonderes Extra meiner Köche am Donnerstag, dem 30. November 1741, bei meiner Tafel und in Berlin vor. Ein „Pain von Caliun und Tauben" gereichte mir mein Leibkoch eine Tag zuvor am Abend, ebenfalls zu Berlin als Extraküchenleistung, wobei mittags noch ein „Pain mit Safran" auf meinem Speisezettel stand. Jedes Mal empfing ich diese vorzüglich mundenden Speisen verschiedener Rezeptvarianten mit erwartungsvollem Genuss.

„paté perdrix" - Rebhuhnpastete

Rebhühner gab es in vielfältiger Form. Meine Hofküche verarbeitete das zarte schmackhafte Fleisch dieses Feldhuhns gebraten, als auch zur Pastetenbereitung. Mein französischer Küchenchef Noel sagte zur Rebhuhnpastete „Terrine de Nérac", weil um 1776 in der kleinen südwestfranzösischen Stadt Nérac eine ganz besonders wohlschmeckende Rebhuhnpastete erfunden wurde. Noel fertigte sie aus dem Brustfleisch der Rebhühner. Er verfeinerte die Farce mit Speck, Geflügelleber, Eigelb, Pfeffer und als geheimnisvolle Krönung mit dem berühmten französischen Weinbrand Armagnac.

Eine deutsche Pastete konsumierte ich unter der Bezeichnung „Pastete von Rebhünern en allemande". In die Farce einer deutschen Rebhuhnpastete gehörten eine Zwiebel, etwas Wein, Butter, Sardellen und etwas Kapern. Mit großem Hochgenuss empfing ich sie mittags am 11. Dezember 1770 in Potsdam. Gleichfalls konsumierte ich sie zu Berlin. Dort wurde mir eine köstliche Rebhuhnpastete kurz vor Weihnachten, am 22. Dezember 1770, als eine „Pastete von Rebhünern mit Soße" serviert. Wahrhaftig, Pasteten schmecken warm besonders gut, aber dann mit Sauce!

„Salmi von Enten"

Meine besondere Wertschätzung galt einem "Salmi", was aus jungen Wildenten bereitet wurde. Dieses Entenragout mundete mir immer wieder, weil dazu eine stark würzige Sauce aus Rotwein und Mohrrüben Verwendung fand, in die die beinahe gar gebratenen Wildentenstücke gelegt wurden. Dieses Federwildragout konsumierte ich bei meinem Zwischenaufenthalt mittags in Frankfurt an der Oder anno 1743. Es war Donnerstag der 21. März. Ich befand mich auf dem Weg von Berlin nach Breslau.

Fondue von Eiern und Käse

Diese „appetit- und dursterregende, angenehm pikante Speise" wurde oftmals „nach der Suppe" konsumiert. Es war „eine Art Rühreier mit Käse". Ein „Fondy von Parmesankäse" servierte mir die Hofküche „dero" einst am 1. September 1743 zum Mittagsmahl.

Hauptgerichte

Schüsseln von Fleischgerichten

Die beliebtesten und am häufigsten Verwendung findenden Fleischarten an meiner Tafel waren Rind, Ochse, Kalb und Hammel. Beim Federvieh nahm das Huhn den ersten Rang ein. Nur Fleisch dieser fünf verschiedenen Tiere sind in der gedruckten „Consumtions"-Liste meiner Hofküche aufgeführt. Natürlich wurden viele weitere Fleischsorten von meinen Köchen verarbeitet und am Ende der täglichen „Consumtions"-Liste durch jeweils handschriftlichen Vermerk hinzugefügt. Gemäß meiner Order musste mittels dieser Liste jeden Tag genauestens der Verbrauch aller verwendeten Küchenprodukte aufgeführt werden, einschließlich der Mengen- und Preisangaben.

„mouton" - Reichlich Hammel

Hammelfleisch galt an meiner Tafel als sehr beliebt. Es gehörte zu den vier Fleischarten, die in vielfältiger Variation beständig auf dem Speiseplan meiner Tafel anzutreffen waren. Hammel stand wie bereits erwähnt sogar auf der gedruckten „Consumtions"-Liste meiner Hofküche, mit der meine Köche den täglichen Küchenverbrauch feststellten.

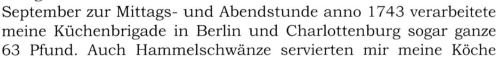

„Schöps", wie das männliche Schaf, der Hammel, genannt wird, landete in riesigen Mengen in den köstlichst zubereiteten Gerichten meiner königlichen Essenstafel. Am 2. September zur Mittags- und Abendstunde anno 1743 verarbeitete meine Küchenbrigade in Berlin und Charlottenburg sogar ganze 63 Pfund. Auch Hammelschwänze servierten mir meine Köche reichlich, so am 30. November anno 1741 zu Berlin, als Extra-Konsumtion zum Mittagsmahl. Es war an einem Donnerstag und die Köche verbrauchten ganze 24 Stück davon. Sie berechneten dafür zwei Reichstaler und 12 Groschen. Damals brachten meine Köche für diesen Preis etwa 11 Enten oder 21 Pfund Schinken in Anschlag, oder auch zwei Beutel vom besten „Provencer Öhl". Für 16 Luth Trüffel waren anno 1741 nur 1 Reichstaler und 8 Groschen berechnet worden. Ebenso konsumierte ich Hammelzungen, so zu Berlin am 12. November anno 1741. Es war ein Sonntag und meine Köche berechneten für diese Hammelzungen immerhin nur 8 Groschen. Also auch ein König bekam durchaus auch mal günstiges Fleisch auf den Teller. Aber demzufolge gehörten Hammelschwänze im Gegensatz zu Hammelzungen durchaus nicht zum Billigfleisch, was heutigen Grobschlächtern ins Stammbuch zu schreiben wäre.

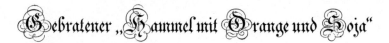

Gebratener „Hammel mit Orange und Soja"

Dieses wunderbare Gericht servierten mir meine Köche am 16. Dezember 1770 mittags in Potsdam. Hammel mit Soja konsumierte ich auch bereits am Donnerstag, dem 16. November 1741, diesmal zum Abendessen, ebenfalls in Potsdam. Hammel landete recht oft auf meinem Teller. Am Abend des zweiten Weihnachtsfeiertages 1770 gönnte ich mir „Hammel ala pompadour". Ich verspeiste ihn geradezu mit Hochgenuss bei der königlichen Tafel zu Berlin.
Beim Mittagsmahl zu Berlin am Samstag, dem 25. November 1741, waren es „Coteletts vom Hammel". „Hammelkeule mit Soja" gab es am Abend zwei Tage zuvor, ebenfalls in Berlin. Am Dienstag, dem 28. November 1741, mittags in Berlin wurde die „Hammelkeule mit Endivien" aufgetragen und bei der Abendtafel in Form von „Hammel Carre". Am vorhergehenden Donnerstagabend bereiteten meine Berliner Hofköche das Hammel-Carreé noch „glaciert" mit Muscheln und Champignons.
Die Vielfalt der Hammelrezepturen meiner Hofköche würde alleine ein Kochbuch füllen. Hammelfleisch schmeckt am vorzüglichsten

im Spätsommer. Wobei darauf zu achten war, nicht zu alte oder zu fette „Thiere" zu wählen, weil diese schwerer verdaulich und zäh sind. Mal gab es saftige Hammelkeule, einen anderen Tag „Hammel Carree" oder ein „Pam von Hammelschwänzen". Mir wurde „gebratener Hammel mit Soja" mittags am Sonntag, dem 1. September 1743 in Potsdam serviert. Am nächsten Tag dann gab es mittags in Charlottenburg „Hammel mit Rüben" und zwei Tage später zum Abendessen in Charlottenburg „geschnittenen Hammel mit Soja".

Zartes Hammelfleisch konnten meine Hofköche „a la poele" bereiten, also in der Pfanne braten. Dabei wird das ganz dünn geschnittene Hammelfleisch auf Gemüse vorsichtig in der Pfanne oder Kasserolle gedünstet. Zu beachten ist, dass das Gemüse nicht anbrennt, die Butterbeigabe immer mal wieder erneuert wird und ein gut schließender Deckel oben auf liegt. Diese Art der Hammelfleischbereitung genoss ich am Freitagabend, dem 17. November 1741, in Potsdam. Es gab „Hammel Carbonade a la poele" am Freitag, dem 17. November 1741, in Potsdam. Und gleichfalls „Hammel Carbonade a la poele" hatte ich bereits Wochen zuvor am Donnerstag, dem 2. November 1741 in Brieg genießen dürfen. Hammelbeilagen waren Schalotten, Muscheln, Champignons, Endivien und grüße Erbsen. „Grüne Erbsen mit Hammel Carbonade" durfte ich am Sonntag, dem 1. September 1743 in Charlottenburg verspeisen.

Kalbfleisch / Kälbermilch

Kalbfleisch und zarte Kälbermilch, auch Kalbsbries genannt, verarbeiteten meine Hofköche tagtäglich. Besonders gerne konsumierte ich Kälbermilch. In diversen Variationen verspeiste ich mit Hochgenuss das beste Fleisch vom Kalb, die „Kälbermilch". Dieses besonders wertvolle Stück Kalbfleisch gehörte zu den wenigen Fleischstücken, welches einzeln in meiner gedruckten Küchen „Consumtions"-Liste Eingang fand. Daran vermag noch heute jeder meine Wertschätzung für dieses besonders zarte Stück vom Kalb erkennen.

Kalbfleisch aß ich als Braten und als Keulenstück. Am Sonntagabend des 1. Septembers 1743 verspeiste ich Kalbfleisch in Charlottenburg und einen Tag später in Berlin, bei meiner Königin Mutter. An diesem 2. September servierten mir meine Köche das Kalbfleisch als „gebratene Kalbsbrüste". Freitagabend, am 24. November anno 1741, haben mir meine Berliner Hofköche ein „Kalbsnierenstück gebraten". Dies entsprach wirklich dem Besten, was Küche und Kalb zu bieten hatten. Eine wahrhafte Delikatesse! Regelmäßig stand auf meinem Küchenzetteln: „Kalbskeule gebraten". So auch am Mittwoch, dem 15. November anno 1741, mittags auf der Speisefolge meiner Berliner Tafel.

Nachgeborene und ebenso meine Köche bezeichneten das Milchstück vom Kalb als „Kalbsbries". Es ist „die Thymusdrüse" des jungen Kalbes. Dieses Fleisch gilt als „vitaminreich" und zählt „wegen seiner Zartheit und seines Wohlgeschmacks zu den Delikatessen". Es „enthält wertvolle Nährstoffe" und „wird als Diätkost sehr geschätzt". Es liegt hinter dem Brustbein. Es eignet sich gut für Ragouts, Salpicons, aber auch zum Panieren und Backen im Teigmantel. Es gilt als „leicht verdaulich" und ist „deshalb auch als Krankenkost geeignet". Vor der Verarbeitung muss die Kälbermilch „gewässert, blanchiert, enthäutet" werden.

Gebratene Kälbermilch wurde an meiner Berliner Tafel am Dienstag, dem 21. November des Jahres 1741, aufgetragen. Es war zur Abendmahlzeit. Sechs Tage später, am Montag, dem 27. November, zur Mittagstafel, da konsumierte ich erneut ein „Kälbermilchstück gebraten", wie mein Hofschreiber akribisch festhielt. Am darauf folgenden Mittwoch, am 29. November, hatten mir meine Köche dann als Mittagsmahlzeit die Kälbermilch in gehackter Form, als „Hachée„ bereitet. Mein Küchenschreiber notierte auf dem Verbrauchszettel: „Kälbermilch en Hacelet mit öster. Klößen".

Aus zartem rosa Kalbfleisch wurden mir „auf eigenhändigen Wunsch" hin Fleischklopse nach englischer Art gefertigt. Einer meiner damaligen Zeitgenossen hatte diesen besonderen Essenswunsch der Nachwelt erhalten und schrieb in einer Mitteilung über mich, ich habe unter dem Datum des 23. Oktobers anno 1780 „des Clops de Vau a L`anglaise" gegessen.

Ebenso verstanden meine Berliner Hofköche, ein wohlschmeckendes zartes „Fricasse von Kalbsbrust mit Champignons" für mich zu bereiten. Mit Hochgenuss konsumierte ich es am Sonntagabend, am 12. November des Jahres 1741. Am nachfolgendem Sonnabend verspeiste ich dann in Potsdam zur Abendmahlzeit die „Kalbsbrust mit Citrone".

Rindfleisch in großen Mengen

Das Rindfleisch lag ganz vorne. Das galt nicht nur gemessen an der verbrauchten Fleischmenge, sondern ebenso tatsächlich stand es an erster Stelle auf meiner gedruckten „Consumtions"-Liste. Sehr große Mengen Rindfleisch wurden verarbeitet. Zu besonderen Gastereien konnten es schon mal über Hundert Pfund sein, wie beispielsweise beim Festmahl in Breslau am 5. und 6. November 1741. Aber auch an meiner königlichen Tafel zu Berlin wurden am 28. November 1741 ganze 74 Pfund Rindfleisch verbraucht. Doch ist unter Rindfleisch „nicht das gar zu Junge zu verstehen". Gut ist es „von einem Rinde von drey, fünf bis sechs Jahren". Dann „hat es den besten Geschmack und Nutzen". Beachte: „Man muß aber alles Rindfleisch wohl schlagen, ehe man es kochet und wässert, so wird es mürbe, und wenn man das Fett, so daraus kochet, zu spahren gedencket, muß man den Topff stets zudecken, und alle halbe Viertelstunde abfuellen, sonst gehet mit dem Dampffe alles hinweg. Wenn man im Anrichten was brauchet, kan man wieder was daran thun. Es ist ein gut Essen um das Rindfleisch, wenn es recht muerbe gekochet, und sonst wohl zugerichtet wird, wie ich denn auf vielerley Arten hier weisen will."

„Dero" Rindfleisch landete in vielfältiger Zubereitungsweise auf meinen Tellern. „Rindfleisch mit Meerrettich" verspeiste ich mittags mit Voltaire am 8. Juni 1752 in Sanssouci. Anderen Orts gab es für mich Rindfleisch mit „Savoyer Käse", wie am 10. November 1741, oder „Hamburger Rindfleisch mit Braunschweiger Wurst" als Extraleistung meiner Berliner Hofköche, die mir dies als Spezialität zum Mittagsmahl an einem Mittwoch zusammenstellten. Genau genommen war es der 29. November 1741. Zwei Tage zuvor setzten mir meine Köche beim Mittagsmahl zu Berlin einen „Rinderbraten mit Serdellen Sauce" vor. Im gleichen Monat stand „geräuchertes Rindfleisch" und „Rinderbraten mit Soja" auf meinem Speisezettel, ebenso eine leckere „Rindsroulade", die mir zur Mittagstafel in Berlin am Donnerstag, anno 30. November 1741 bereitet wurde. Mit „Kopfsallath" tischte mir die Hofküche den Rinderbraten am Dienstag des 3. Septembers des Jahres 1743 zum Abendessen in Charlottenburg auf. Besonders stolz konnte ich sein auf die Erfolge meiner Gartenhauskultur. So war es mir möglich, am Ende des Novembers anno 1741 „Rindfleisch mit jungen Morüben" zu genießen. Diese zarte kulinarische Verwöhnung wurde mir am Dienstag, dem 28.11.1741, in Berlin zuteil.

„Boeuf à la Russienne"

Mit Hochgenuss konsumierte ich ein speziell für mich zubereitetes Rindfleisch, genannt „Boeuf à la Russienne", beispielsweise am 30. Juni 1786. Ich habe es im Besonderen gerne in Verbindung mit meiner Lieblingsspeise, der „Polenta", bereiten lassen. Der Hofchronist schrieb darüber: „Er aß sodann ein gutes Stück Boeuf à la Russienne – Rindfleisch, das mit einem halben Quart Branntwein gedämpft war". Es soll eine „Erfindung des Obersten Pinto" gewesen sein.

Dazu wurde ein saftiges Stück Rindfleisch tüchtig geklopft und in ein „Casserol" gelegt. „Hiero" werden hinzugefügt: Geschnittene Zwiebeln, mehrere Speck- und Schinkenscheiben, Mohrrüben, einen halben Liter fetten, sauren Rahm und natürlich genügend Branntwein. Das Fleisch sollte auf mäßiger Hitze drei bis vier Stunden gedünstet werden. Vor dem Anrichten des Fleisches noch zwei Löffel Zitronensaft darüber schütten und nochmals aufkochen lassen.

Rindfleisch „à la braise"

Jedenfalls mochte ich das Rindfleisch gerne, wenn meine Köche es mir in stark gewürzter Schmorbrühe zubereiteten. Besonders wohlschmeckend geriet das Rindfleisch, wenn meine Köche beim Garen Speckschnitten und Scheiben von rohem Schinken hinzufügten und der Brühe Gemüse beigaben, möglichst viel Teltower Rübchen, Zwiebeln und ein Kräuterbündchen. Beim Garen wurden zusätzlich von Zeit zu Zeit über das Fleisch ein paar Schöpflöffel Fleischbrühe und Weißwein geschüttet. Das auf diese feinste Art in einem mit fest schließendem Deckel ausgestattetem „Casserol" langsam gegarte Fleisch nannten meine Köche gemäß der französischen Küchensprache „a la braisé". Derart würzig zubereitetes „Rindfleisch a la braise" servierte mir mein Küchenchef am Donnerstag, dem 30. November anno 1741, zur Mittagstafel in Berlin. So zubereitet war Rindfleisch nicht nur außerordentlich saftig und schmackhaft, sondern ganz besonders zart.

„Berliner Rindfleisch mit Ochsenzungen" und Schweineeisbein

Das Berliner Rindfleisch aß ich gar mit Ochsenzungen zur Mittagszeit in Berlin am Donnerstag, dem 23. November anno 1741.
Die Ochsenzungen mit Salz und Pfeffer gewürzt, und der Koch lässt „sie im Wasser absieden. „Hernach" „schneidet sie in grosse Stücke" und gebet „alles in einen guten Jus von Rindfleisch mit gehörigen Gewürz". Ansonsten schmore das Rindfleisch mir recht mürbe, aber gebe „zuvorderst hiero" viel Schinken, Speck sowie Schalotten, Gurken und Teltower Rübchen bei.
Ochsenzungen konsumierte ich aber schon mal auch ohne Rindfleisch, besonders gerne als „Ochsenzungen mit weißen Rüben". Mein Bruder Prinz Heinrich und ich genossen diese Speise am Donnerstag, dem 16. November 1741, beim Mittagsmahl zu Charlottenburg. Vier Tag später gab es „Ochsenzungen garniert mit Braunschweiger Wurst".
Schweineeisbein gehört zu den Lieblingsessen der Berliner, heute

wie „fuerhero". Selbst mir als König wurde Eisbein vorgesetzt und das weiche Eisbeinfleisch habe ich keineswegs verschmäht. Nach den gründlichen Aufzeichnungen meines Küchenschreibers gereichten mir meine Potsdamer Köche eine gut gefüllte Schüssel Schweineeisbein mit gepökeltem Rindfleisch zur abendlichen Tafel am Montag, dem 29. April 1743.

„Roulade von Spanferkel"

Wer meint, an des Preußenkönigs Tafel wäre kein Schweinefleisch serviert worden, der irrt. Das typische Berliner Eisbein konnte also selbst einem König und seiner Tischgesellschaft munden. Eine „Roulade von Spanferkel" fand „dortem" durchaus Beachtung. Letztlich war dies immer eine Frage der sorgfältigen Bereitung, weniger der guten Küche.
Eine Roulade vom Spanferkel stand am Dienstag, dem 28.11.1741, mittags in Berlin auf meiner Tafel und weil sie so gut mundete, setzten meine Berliner Köche mir erneut eine Spanferkelroulade zum Abendessen des folgenden Tages auf den Speisezettel.
„Wobey" gerade das Spanferkel durchaus an herrschaftlichen Tafeln „als besonderer Leckerbissen" geachtet wurde, weil das Fleisch des noch saugenden jungen Schweins an „vornehmsten Tafeln" schon immer eine besondere Rolle spielte. Meine französischen Köche sagten zum Spanferkel „cochon de lait". Es wurde nicht nur gebraten oder in Stücken konsumiert, sondern kam schon mal als Schaugericht in Gänze am Stück gebraten vor die Gäste.

Schüsseln von Geflügel- und Vogeltieren

„poulet" - Hühner

Unter dem Geflügel waren Hühner der absolute Spitzenreiter. Nahezu täglich verbrauchte die Hofküche größere Mengen dieses

Federviehs. In der gedruckten „Consumtions"-Liste meiner Hofküche fanden nur „Hüner" eine offizielle Nennung. Den Verbrauch aller weiteren Geflügelsorten musste der Küchenschreiber per Hand hinzufügen.

„Fricasse von Hünern mit Champignons" galt „fuerhero" an meinen Tafeln als beliebte Gaumenfreude. Es gab dieses besonders zarte und bekömmliche Gericht am Mittwoch, dem 15. November anno 1741, zur Abendmahlzeit zu Berlin. Sechs Tage später, wieder zur Abendzeit wurde erneut Hühnerfrikassee gereicht. Noch in Potsdam, wenige Tage zuvor kam es als „Fricasse von Hünern mit Trüffeln" auf meine Abendtafel. Sonntags zum Mittagsmahl am 26.11.171 kam das Hühnerfleisch in ganz besonderem Gewande auf den Tisch und zwar als spezielle Extra-Leistung meiner Berliner Köche: „Hüner roulleé mit Trüffeln und Champignons".

Bei der Hühnerzubereitung ging es international zu, mal auf spanische Art bereitet, als „Kopphüner a la Espanniol", wie am Mittwoch, dem 15. November 1741, in Berlin zur Abendtafel, oder als „Hüner a la Italien". Mit Genuss verspeiste ich diese am Samstagabend, dem 25. November anno 1741, in Berlin. Fünf Tage später, ebenfalls in Berlin, durfte ich die Hühner holländisch essen, als „Hüner a Hollandaise", diesmals ausdrücklich als Extra-Bonbon meines

Küchenchefs. In Charlottenburg wurden die Hühner mir mittags am Mittwoch, dem 22. November anno 1741, als geordente Extakonsumtion auf französisch serviert, als „Kopphüner a la Manoelle".

Hühner vielfältigster Art wurden bei meinen Tafelrunden in Mengen verbraucht. „Junge Hüner gebraten" wurde am Sonntag, dem 12. November 1741, ebenfalls mittags in Berlin gereicht oder „Kopphüner und Haßelhüner gebraten" am Montag, dem 27. November des Jahres 1741, erneut bei der Mittagsmahlzeit zu Berlin aufgetragen. In Charlottenburg am Dienstagabend des 3. Septembers anno 1743 servierte mir die Küche schlicht und einfach „gebratene Hüner". Wobei ich diese dort mittags bereits als „gebratene fette Hüner" hingestellt bekam.

Der Hühnervielfalt geben meine Küchenzettel einen hinlänglichen Beleg. In Potsdam bereitete mir die Hofküche mittags anno 1741, es war an einem Freitag, dem 17. November, „gespickte Kopphüner" und zur abendlichen Tafelrunde des selbigen Tages dann „Hüner mit Champignons an blanc".

Selbst mit einer leichten und dennoch kräftigen Sardellenfischbeigabe konnten sie gereicht werden, so zum Beispiel als „Hühner mit Couvre von Serdellen", wie ich sie in Breslau zur Abendtafelei am Sonnabend des 4. Novembers anno 1741 „dortem" erhielt. Sechs Tage „nachheo" konnte ich die Hühnerspeise mittags an einem Freitag würzig und zart in marinierter Form konsumieren. So wurden sie mir zugetragen in Glogau. Der Küchenschreiber vermerkte dazu: „Margenirte Junge Hüner".

Poularden und Cappaunen

Gemästete Junghühner kamen als „Poularden gebraten" auf meine Tafel. So konsumierte ich sie am Donnerstag, dem 30. November 1741, mittags in Berlin und am Abend dann nochmals als Extraleistung meiner Küche.

„Cappaun" wurde ein junger, kastrierter Masthahn genannt. Seinesgleichen verspeiste ich als „Cappaunen gebraten mit Klößen" an einem Donnerstag zu Berlin, bei der Abendtafellei des 30. Novembers im Jahre 1741. „Cappaunen" servierte mir nach den Aufzeichnungen meines Küchenschreibers die Hofküche aber nicht nur schlicht und einfach gebraten, sondern schon mal mit „Sauce a la Creme" oder mit „Remoulade" oder „orenge"-verfeinert. Meine Hofköche setzten mir gebratene „Cappaunen" aber besonders oft an Weihnachten vor, so am Abend des 2. Weihnachtsfeiertages anno 1742. Denn er wurde zu meiner Zeit an Festtafeln zusammen mit dem als höherwertig angesehenen Fasan serviert. Bei meiner Hofküche galt der Kapaun als „der Hammel des Geflügelhofs, ein Heiliger unter den Hühnern", dem es auf Erden gut geht und der sich ein entsprechendes „Ränzlein anmästet". Er wurde am Spieß gebraten, aber auch „mit Trüffeln, Champignons, Krebsen und Austern gedämpft".

„Cappaunen", vorzugshalber mit Austern, konsumierte ich gerne und oft, so am 12. Dezember 1770 in Potsdam zur Mittagstafel. Sehr gut mundete mir das „Fileé von Cappaunen", welches mir am 23. Dezember 1770 in Berlin von meiner Hofküche bereitet wurde. Einen Tag später, am 24. Dezember 1770 servierte mir mein Küchenchef wieder die so sehr geschätzten „Cappaunen mit Austern". An der „Großen Redoute" am Weihnachtsabend des 25. Dezember 1770 konnte dann meine gesamte Berliner Festgesellschaft an diesem köstlichen Kapaungericht mit Austern teilhaben.

Ebenso konnte ich „Cappaunen mit Muscheln" genießen. Es war an einem Donnerstag, dem 21. März 1743, beim Mittagsmahl in Frankfurt an der Oder. Ich kam von Berlin und befand mich auf Reisen nach Breslau.

„canard" - Enten

Eine Ente galt zu meiner Zeit als hinreichende Speise für 3 oder vier Personen. Viele Abarten dieser weit verbreiteten Schwimmvögel lebten in meinen königlichen Revieren und auf meinen Gütern. Es ist ein nützlich Hausgeflügel, weil sie sich meistens ihr Fressen auf Weihern und Tümpeln selber suchen. Trotz ihrer sprichwörtlichen Gefräßigkeit gelten Enten aus menschlicher Sicht als sehr bescheidene Futterer, denn sie sind mit kostengünstigster Nahrung zufrieden zu stellen. Gewöhnlich reichen die Küchenabfälle, ansonsten schätzen sich Enten glücklich, wenn sie Teiche oder Wassergräben in der Nähe haben, denn ohne Wasser kann auch eine deutsche Haus- und Hofente nicht leben. Am Wasser finden Enten hinlänglich Nahrung und auf den Wiesen und Äckern tragen sie zur Schädlingsvertilgung bei: Schnecken, Raupen, Engerlinge und Würmer vertilgen sie eifrig und machen sich in dieser Hinsicht sehr nützlich. Die flaumig weichen Federn der Ente ergeben brauchbare flauschige Bettfedern. Das Fleisch einer

Ente ist sehr wohlschmeckend. Besonders zu schätzen wusste ich eine würzig geschmorte Entenbrust. Das beste Schlachtalter einer Ente liegt bei einem halben bis einem Jahr. Eine Hausente sollte drei Wochen vor dem Schlachten zusätzlich gut gemästet werden, vorzugshalber mit geschrotetem Getreide. Die gewöhnlichen Hausenten lieben die Vielweiberei, demgegenüber hat ein Wildenterich nur ein Weibchen.

Die Jagdzeit der Wildenten beginnt im Juli und hauptsächlich werden sie im Herbst geschossen. Obwohl ich kein Freund der Jägerei war, lieferte mir die heimische Jägerinnung manche Wildente. Zu den Wildenten gehören sowohl die Flugenten, als auch Sumpfenten. Ich schätzte die mageren Flugenten, weil sie sehr geschmackvoll ausfielen. Im Gegensatz zu den ebenfalls wild lebenden Sumpfenten, denn sie wiesen in Folge zu vieler Fischnahrung oftmals einen tranigen Geschmack aus. Gerne konsumierte ich ebenso die Krickente, die gleichsam zu den Wildenten gehört. Wegen "ihrem Laut" werden sie "Kriekenten" genannt. Die Krickenten haben eine auffallend rötlich weiße Brust und rundlich schwarzbraune Flecken sowie stahlblau schillernde Spiegel. Vorzugshalber verspeiste ich an meiner königlichen Tafel Enten zwischen September und Januar. Mein Chefkoch Noel servierte mir gelegentlich eine französische Ente, die er aus Bresse kommen ließ. Diese Enten aus der Gegend nördlich von Lyon galten als die besten Enten Europas.

Die gemeine wilde Ente ist die Stockente, die gebraten als sehr schmackhaft gilt und die als die Stamm-Mutter aller in Brandenburg-Preußen gebräuchlichen Hausenten gilt. Dieses beste Haus- und Hofgeflügel ist eine Züchtung, die auf die wild lebende Stockente zurückzuführen ist. „Enten gebraten" konsumierte ich in Potsdam zur Abendtafel am Freitag, dem 17. November 1741. In Berlin gab es zehn Tage später mittags „Enten mit weißen Rüben". In Charlottenburg verspeiste ich am Sonntagabend, dem 1. September 1743, die Enten mit „Chalotten" und einen Tag später mittags als Entenragout mit Trüffeln und Champignons. In Berlin kam am Dienstag, dem 14. November 1741, Wildentenragout als abendliches Mahl an meiner königlichen Tafel.

Fasan, der König unter dem Geflügel

Gilt als Aristokrat unter dem Geflügel, „weil er aufgrund seines besonders hellen und zarten Fleisches mit keinem Birk- oder Auerwild gleichzusetzen ist". Üblicherweise füllten die Köche den Fasan mit „Ochsenmark, Speck, Würzkreutern und Trüffeln". Der große Gourmet Jean Anthelme Brillat-Savarin beschrieb dieses entsprechend zubereitete Geflügel als „würdig, Engeln vorgesetzt zu werden", besonders als „diese noch zu Loths Zeiten auf Erden reisten." An meiner Tafel galt der Fasan als eine außergewöhnliche Delikatesse, die beständig konsumiert wurde. Gleich zu Beginn meiner Herrschaft richtete ich am Rande des Tiergartens zu Berlin eine eigene Fasanerie ein, die ich mit großer Sorgfalt plante und ausbaute. Manchmal erhielt ich einen Fasan von der Jägerinnung geliefert, beispielsweise drei hervorragende Exemplare am Donnerstag, dem 16. November 1741. Diese genoss ich frei Haus in Charlottenburg mit meinem Bruder, dem Prinzen Heinrich.

„Fasan gebraten" schrieb mein Küchenschreiber am Donnerstag, dem 16. November, auf meine Küchenzettel. Die Tafelrunde genoss ich mittags zu Charlottenburg, zusammen mit meinem Bruder Prinz Heinrich und eine Woche später, am 23. November, gab es in Berlin erneut gebratenen Fasan. „Fileé von Fasahn ala Saint Severein". Dieses vortreffliche Gericht gab es in Potsdam zur Mittagstafel am 17. Dezember 1770. Und mittags zu Berlin konsumierte ich „Fasahnen gespickt und gebraten". Es war an einem Dienstag, dem 21. November anno 1741.

„oie" - Gänse

Gänse oder „oie", wie mein französischer Küchenchef sagte, schätzte meine Hoftafelrunde besonders im Spätsommer oder Herbst. Sie wurden als Haus- oder Wildgänse bereitet. Mein Küchenschreiber schrieb auf, ich hätte mittags am Montag, dem 2. September anno

1743, in Charlottenburg eine entsprechende Portion „gebratene Gänse" konsumiert. Und am Abend dann mit meiner Mutter in Berlin „gebratene Gänse mit Äpfeln und Rosinen".

Gänse kamen mit Zwiebeln, Apfelringen und Sardellen an meine königliche Tafel. So zu Breslau mittags, am Mittwoch, dem 8. November 1741. Mein Küchenschreiber notierte: „Gänse mit Echalotte, Pomeranzen und Serdellen".

Schüsseln von Wildgerichten

„Salmi" – das zarte Wildgeflügel-Ragout

„Salmi" nannten die Gourmets zu meiner Zeit das feine zarte Wildgeflügel-Ragout. Das würzig braune Ragout wird aus frischem Federwild bereitet. Dazu zerlegten meine Köche das Geflügel in Stücke und es wurde noch „blutig gebraten". Die fleischärmeren Teile ließen sich zu einer besonders scharfen Saucenzubereitung verwenden. Besondere Berühmtheit erlangten „Salmis von Fasan, Rebhuhn, Schnepfe und Wildente." Ebenso mundeten mir „Dindons en Salmi", also „Truthühner mit einem Salmey", wie dieses Federvieh zu meiner Zeit noch am Hofe auf französisch benannt wurde. Besonders an kalten Herbst- oder Wintertagen liebte ich dieses heiße Wildgeflügelgericht. Doch selbst im Sommer war es eine gut verdauliche Speise. Gelegentlich verarbeiteten meine Köche auch junge Hühner zur „Salmi"-Bereitung. Ich ließ mir zu meiner Abendmahlzeit am 1. September 1743 ein „Salmi von jungen Hünern" zur Konsumtion gereichen.

Wildenten oder Haselhühner verarbeiteten meine Hofköche immer wieder gerne als zartes Ragout. Meine Berliner Küche kredenzte mir am Dienstag, dem 14. November 1741, zur Abendtafel ein „Salmi von Enten". Wer es gleich mir genießen möchte, der nehme eine oder mehrere weichgedämpfte Enten und lasse sie erkalten. Die Fleischbrühe hebe gut auf. Schneide die Ententeile dann in ziemlich kleine Stücke, denn ein zartes „Salmi" sollte auf der Zunge zergehen und nicht von der Zahnstärke der Konsumenten abhängig sein. Dann werden alle Knochen und Fleischabfälle mit dem Mörser zerstoßen. Gib dieses Gemenge in die Entenfleischbrühe und koche alles eine knappe Stunde lang auf ruhiger Flamme mit einem viertel Liter Rotwein, zwei Lorbeerblättern, drei Schalotten sowie einem Esslöffel Pfeffer- und Gewürzkörnern. Jetzt den Ansatz durch ein Sieb drücken und andicken. Beim nochmaligen Aufkochen die Entenstückchen hinzugeben, damit sie heiß werden, und in die angedickte Brühe den Saft von zwei Pomeranzen pressen. Zuletzt noch ein paar in Wein oder Brühe gedämpfte Trüffelscheiben einlegen und schon kann alles serviert werden.

Wildenten

„Wilde Enten gebraten" schrieb mein Küchenschreiber anno 1741 als Konsumtion meiner Mittagstafel fein säuberlich auf. Es war das Datum des 30. Novembers, ein Donnerstag, und er fügte hinzu, die Köche hätten mir Wildenten als Extraküchenleistung serviert. „Wilde Enten" standen „mit Chalotten" auf meinem Tisch, diesmal in Charlottenburg, am Dienstag, dem 3. September des Jahres 1743, bei der Abendtafel.

Gebratene Rebhühner und „Rebhunflügel in Glace mit Marden"

„Gebratene Rebhüner" durfte ich mit Genuss am Montag, dem 2. September anno 1743, in Charlottenburg zur Mittagsmahlzeit von meinen Köchen als Extraleistung bereitet erhalten.
Ähnlich wie Schinken „in glace" werden auch die Rebhuhnflügel glaciert, indem „eine goldgelbe, appetitlich aussehende Kruste" beim Braten erzeugt wird. Sie entsteht, wenn man das Fleisch „mit Puderzucker bestäubt" und beim Braten karamellisiert. Diese wohlmundende Rebhuhnspeise wurde mir auf meinen besonderen Wunsch bereitet. Eigens hatte ich am 23.10.1780 den Speisezettel für das Mittagessen entsprechend abgeändert. Der Chronist

vermerkte zu meiner Leibspeise: „Ailles de perdros Glacées au Cardons en petit poix."

„Haßelhüner" gespickt und gebraten

Dieses Wildgeflügel wird auch „Rothuhn" genannt oder französisch „gélinotte". „Haßelhüner" leben in den dichten Wäldern meiner Heimat, der Mark Brandenburg. Dieses Waldhuhn liebt die Kiefernwälder, weil „am Saum der Nadelwaldungen viel Haselbüsche" und Birken wachsen und Haselhühner sich gerne von den „Blüthen und Blattknospen derselben, den jungen Nadelholztrieben, Insecten und Waldbeeren" nähren. Sie sind um die Hälfte größer als das graue Feldhuhn. Die Federn der Haselhühner sind ein Gemisch aus schwarz und weiß. Fast möge man meinen, dieser edle Waldvogel trägt die Farben Preußens zur Schau. Seine schwarze Kehle sowie seine weißliche Brust und Bauch sind gar schön anzuschauen. Manchmal sind seine Schwungfedern aber auch mehr aschgrau bis rotbraun, doch schwarz und weiß dominieren zumeist. Das Fleisch der Haselhühner „ist das weißeste, zarteste und gesündeste unter allen andern und nimmt daher auch unter dem Wildgeflügel den ersten Rang ein. Ja, es ist sogar zarter, saftiger und schmelzender wie jenes vom Fasanen."

Besonders schmeckten mir Haselhühner als „Salmi" bereitet. Mit Genuss verzehrte ich ein derartiges Haselhuhn-Ragout am Abend des 17. Novembers 1741 in Potsdam. An diesem Freitagabend notierte mein Küchenschreiber: „Salmi von Haßelhünern". Tags zuvor weilte ich noch zur Mittagstafel in Charlottenburg und konnte dort in der vertrauten „Cammer-Tafel" mit meinem Bruder Prinz Heinrich ebenfalls „Ragout von Haßelhünern" verspeisen. Fünf Stück schrieb der Küchenschreiber an diesem Donnerstag als Verbrauch in die Konsumtionsauflistung. Sie blieben aber ohne Preisangaben, weil sie „von der Jägerinnung" spendiert waren, wie der Küchenschreiber ausdrücklich hinzufügte.

Ich bekam von der Jägerinnung regelmäßig „Haßelhüner" geliefert. Mein Küchenschreiber hat es wohlweislich genauestens notiert. Die Jäger hatten sie beispielsweise anlässlich der Hochzeitsfeierlichkeiten meines Bruders August Wilhelm vorbeigebracht. Ganze zehn Stück dieses feinen Wildgeflügels gereichten die Jäger zur Mittagstafel anno 1741 in Charlottenburg. Es war an einem Mittwoch, dem 22. November. Acht Tage später, am Donnerstag, dem 30. November 1741, gaben die Jäger erneut fünf Exemplare zu meiner Abendtafel in Berlin.

Das Fleisch gilt als „zart und wohlschmeckend", und „sie seyn aber am besten in einer Brühe". Doch wenn Haselhühner gebraten werden, so beachte meinen extraordinierten Rat, damit sie nicht etwa trocken werden. Deshalb wickelt der erfahrene Koch immer „Haselhühner vor dem Braten" in Speckscheiben. Dementsprechend gereichte mir mein wohl unterwiesener Koch am Montag, dem 20. November anno 1741, zur Abendtafel in Berlin „gebraten gespickte Haßelhüner". Manchmal konsumierte ich Haselhühner zusammen mit Fasan. Meine Küchenzettel belegen dies noch heute. So ward am Samstag, dem 25. November 1741, in Berlin die Hauptspeise dokumentiert: „Haßelhüner und Fasahn gebraten". Das Wildgeflügel wird ähnlich „wie Rebhuhn zubereitet".

Wenn er „Hasel-Hüner" gut gespickt mit Speckscheiben braten möchte, so beachte: „Rupffe oder pflücke das Feder-Wildpret rein, darnach lege sie in heisse Asche, oder warm Wasser, so lauffen sie fein auf, oder fülle inwendig ein Stücklein Butter mit Ingwer, Pfeffer und gehackten Kräutern vermischt hinein, und brate es langsam." Er brate sie aber immer mit reichlich guter Butter in einer „Casserol unter fleißigem Begießen bei ziemlicher Hitze etwa 20-25 Minuten lang und giebt die mit sehr wenig Wasser oder Bouillon verkochte Sauce dazu."

Schnepfen, Lerchen, Tauben und „Krammetsvögel"

„Lerchen und Haßelhühner gebraten" konsumierte ich Dienstag am Huldigungstag in Breslau, am 7. November 1741, mittags. Dort gab es zur Abendtafel dann zusätzlich gebratene Schnepfen.

„Tauben mit Permesan und Klößen" servierte man mir fast drei Wochen später zu Berlin, am 27. November gleichen Jahres, an einem Montag. Gefüllte Tauben kamen am Dienstag, dem 14. November 1741, auf meinen Tisch. Mein Hofkoch vermerkte es genau für das Mittagsmahl. „Farschierte Tauben", also gefüllte Tauben waren jedenfalls zu meiner Zeit noch durchaus hoffähig.

So vermag es damals niemanden verwundert haben, wenn mein Küchenschreiber zu berichten wusste, ich habe ein „Fricassee von Tauben mit Champignons" zusammen mit meiner „Frau Königin Mutter" gegessen. Es war am Montag, dem 2. September 1743, am Abend zu Berlin. Mittags des selbigen Tages hatte ich in Charlottenburg „zuvorderst" eine „Tourte von Tauben a la polonaise mit Schinken und Orenges" genießen dürfen.

Auch schon mal in Sanssouci kamen Tauben auf den Tisch der königlichen Tafel. So am 8. Juni 1752, als Voltaire sich mittags dort mit mir den Tafelfreuden ergab. Serviert wurde ein „Ragout von Tauben". Eine „Tourte von Tauben mit weißer Souce und Champignons" stand am Sonnabend des 25. Novembers 1741 in Berlin beim Abendessen auf dem Tisch.

Wildschwein und Reh

Wild mied ich mehr oder weniger, da die Jagd nicht zu meinen Leidenschaften gehörte. Doch im Herbst und Winter kam dergleichen schon mal an meine Tischgesellschaft. Ein „Wildschwein Kopf" zierte meine Berliner Mittagstafel am Dienstag, dem 14. November 1741, und einen Tag später gab es ebenfalls mittags zu Berlin einen „Reehrücken gebraten", wie mein Hofschreiber vermerkte. Am Mittwoch, dem 8. November 1741, zu Breslau konsumierte ich einen „Rehrücken" zusammen mit gebratenen Haselhühnern.

Ebenfalls zu Berlin gab es am Abend des 29. Novembers „dero" selbigen Jahres eine Hirschkeule gebraten.

Schüsseln von Fischgerichten

Die Gewässer von Spree und Havel lieferten in Berlin und im Umland reichlich Fische, die ich durchaus zu schätzen wusste. In Berlin und im Umland waren damals in den Flüssen, Buchten und Seen Fische heimisch, die es wert sind, genannt zu werden: Aale, Barben, Barsche, Gründlinge, Hechte, Karpfen, Schleyen und Zander. Fische aller Art waren zu meinen Lebzeiten auf den Märkten Brandenburg-Preußens zu kaufen und nicht nur die Berliner Hausfrauen deckten ihren Fischbedarf auf dem Fischmarkt zu Cölln an der Spree. Auch meine Hofküche nutzte die heimischen Fanggründe und Märkte. Seit 1571 wird am Bartholomäustag, am 24. August, der „Stralauer Fischzug" gefeiert, ein Volksfest aus Anlaß des Endes der Fischschonzeit. „Hiero" mag einjeder noch heute erkennen, wie traditionsreich der Fischfang in meinen Landen war. Auch wenn die Heringe anno dazumal meistens in Fässern aus Hamburg kamen, so wurde in der preußischen Hofküche keineswegs nur Fisch aus Hamburg verarbeitet.

Allerdings landeten in meinen Schüsseln mengenmäßig nicht so viele Fische, wie es bei den katholischen Höfen üblich war. In der gedruckten „Consumtions"-Liste meiner Hofküche sind nur zwei Fischsorten aufgeführt. Dies waren Hechte und Sardellen. Krebse standen ebenso auf dieser Liste. Daran ist heute noch ablesbar, welche Meerestiere dem täglichen Verbrauch zuzurechen waren und mengenmäßig sehr häufig anfielen. Trotzdem landeten vielfältige Fischsorten, darunter Aal und Hummer, in den Töpfen meiner Hofküche und auf den Tellern meiner Tafelrunden. Ebenso mundeten mir und meinen Gästen Austern, Forellen, Kabeljau, Schellfische, Bücklinge, Heringe, Zander und Karpfen in vielfältigster Fasson. Oder wir verspeisten Stör, den ich zur Mittagstafel am Sonntag, dem 28. April 1743, zur Mittagstafel konsumieren durfte. Am 27. Dezember anno 1770 tischten mir meine Berliner Hofköche köstlich zubereiteten Dorsch auf.

„Aahl blau", Aalpastete und „Aahl roulade"

Besonders würzig liebte ich die Aalpastete, bis an meiner Tage Ende. Noch im Jahr meines Todes verschlang ich davon größere Mengen. Der Hofchronist schrieb, ich habe „einen ganzen Teller voll" einer scharfen Aalpastete konsumiert, „die so hitzig und so würzhaft war, daß es schien, sie sei in der Hölle gebacken."
„Aahl roulade" servierte mir die Hofküche in Potsdam am 15. Dezember 1770 zur Mittagstafel. Aber Aal kam in vielfältigen Variationen auf meinen Tisch. So konsumierte ich ihn als „Ragout von Ahl", wie mein Küchenschreiber vom Mittagsmahl des 17. Dezembers 1770 in Potsdam festhielt. Aber auch „Aahl blau" stand auf meinem Küchenzettel für Montag, den 02. September 1743, zur Mittagszeit in Charlottenburg.

Austern

Schon als 20-jähriger Kronprinz ließ ich mir Austern aus Hamburg kommen. Gerade der Haft entronnen und als neuer Kommandeur eines Infanterieregiments in die kleine Garnisonsstadt Ruppin versetzt, genoss ich die neu gewonnene Freiheit mit Austernkonsum als „willkommene Bereicherung der einfachen Alltagskost", wie Chronisten späterer Zeiten anmerkten. „Diese Schlemmereien bilden den Höhepunkt der Woche." Auch als König konsumierte ich Austern. Bei besonderen Anlässen gab es sie in großen Mengen. Am 27. November 1741 wurde beim Abendessen an der königlichen Tafel zu Berlin sogar ein ganzes Fass Austern vertilgt.
Zum Weihnachtsessen mittags in Berlin am 26. Dezember 1770 erfreute ich mich genauso gerne an Austern wie einige Wochen zuvor schon in Potsdam. Am 1. Dezember 1770 gab es sie dort mittags und abends. Dazu wurden mir am Mittag ein Cappaun und am Abend ein gebratenes Huhn serviert.

Sardellen

Sie wurden von meinen Küchenschreibern auch „Serdellen" genannt. Diese kleine Fischsorte war eine von drei Fischen, die auf der gedruckten „Consumtions"-Liste meiner Hofköche verzeichnet war. Sardellen benötigten meine Köche nahezu täglich. Sie wurden in vielfacher Weise verarbeitet und verköstigt. Relativ große Mengen verbrauchte meine Küche von diesen würzigen kleinen Fischchen. Anlässlich meiner Berliner Tafelei landeten am Donnerstag, dem 30. November 1741, ganze 80 Stück Sardellen in den Pfannen und Töpfen der Hofküche und am 1. September des Jahres 1743 waren es sogar 116 Stück. Einen Reichstaler und 5 Groschen berechnete die Hofküche für diese große Sardellenmenge. Für die 80 Stück zwei Jahre zuvor waren lediglich 20 Groschen berechnet worden.

„Hareng" - Heringe und Bücklinge

Dienen war zu meiner Zeit sehr populär. Selbst ich nannte mich als König „der erste Diener meines Staates". In der Hofgesellschaft war es oftmals üblich, einen Bückling, also einen Diener, eine tiefe Verbeugung zu machen. In diesem Sinne war es eine noch allgemein verbreitete Höflichkeitsformel, vor mir einen Bückling zu machen, auch wenn mir derartige Äußerlichkeiten wenig bedeuteten. Manch Kleingeist glaubte, je größer der Bückling, je mehr der Eindruck, den er damit schindet.

Einen Bückling in der Küche machen bedeutete aber keineswegs sich vor meinem Küchenchef Noel zu verbeugen, auch wenn ich ihn beständig für seine gute Küchenleistung lobte und ihn als wichtiger betrachtete als meinen Leibarzt. Allen Respekt ihm zu zollen war mir selbstverständlich. Er war ein wahrer Küchenheld.

An meiner Hoftafel landeten viele Bücklinge, es waren frische und heiß geräucherte grüne Heringe. Wir nannten diese speziellen Heringe Bücklinge. „Bücklinge gebraten" servierten mir die Köche am Sonntag, dem 12. November 1741, mittags zu Berlin. Und auch hernach, am Freitag, dem 24. November selbigen Jahres, gab es sie

zur Abendmahlzeit von meiner Berliner Hofküche bereitet. Ebenso zu Potsdam zur Mittagstafel des 12. Dezembers 1770 kamen „Bücklinge auf dem Roste" gebraten auf den königlichen Tisch.
Nicht nur die geräucherten Heringe wurden an des Preußenkönigs Tafel konsumiert, „dero" waren klassische Heringe gleichsam beliebt. Sie gab es überall auf den Fischmärkten zu kaufen, denn schon anno dazumal kamen Heringe fässerweise aus Hamburg nach Berlin. Mein französischer Koch bezeichnete sie als „hareng". Ich aß „Häring" regelmäßig, gerne „frische Heringe mit sauren Gurken". Schon zu meiner Zeit galten Heringe als die populärsten aller Fische. Die größeren Heringe kamen als Matjesheringe auf die königliche Tafel. Heringe wurden in der Nord- und Ostsee gefangen und in Fässern gelagert. Die Holländer, ebenso meine Köche verstanden die Kunst des Einsalzens der Heringe. Derart kleine und größere Fische standen auf meiner Tafel am Dienstag, dem 03. September anno 1743, mittags in Charlottenburg, und wurden an diesem Tage ausdrücklich als Extrakonsumtion meiner Köche bereitet.

„brochet" - Hecht

Eine zu meiner Zeit sehr beliebte Fischart, die regelmäßig von meiner Hofküche verarbeitet wurde, obwohl es ein sehr grätenreicher Süßwasserfisch ist. Er war einer unter drei verschiedenen Fischen, die auf der gedruckten „Consumtions"-Liste meiner Hofküche ausgewiesen waren. „Hecht mit Serdellen Souce" wurde mir in Breslau am 8. November des Jahres 1741 serviert.

Kaviar und Hummer

Diese Fischeier galten zu meiner Zeit als Perlen des Meeres und als wohl begehrteste Delikatesse. Vorzugshalber meine Tochter im Geiste, Katharina die Große, schickte mir aus Russland den Kaviar. Diese teure Speise wurde besonders an Festtagen genossen. Mittags, am Heiligabend des Jahres 1770, konsumierte ich zu Berlin diese Spezialität. So notierte mein Küchenschreiber „Caviar" auf den entsprechenden Zetteln, der die Speisefolge meiner königlichen Berliner Tafel vom 24. Dezember anno 1770 verrät. Zwei Tage danach, mittags am 26. Dezember, servierten mir die Berliner Hofköche erneut „Caviar".

Mein Leibkoch Noel sprach ehrfurchtsvoll vom „homard", dieser großen Krebsart, auf gut deutsch „Hummer" genannt. Ich verspürte durchaus Appetit auf „dero" gekochte Seekrebse. Am Sonntagabend des 26. Novembers 1741 servierten mir meine Hofköche zu Berlin erfreulicherweise „Hummer a la Provencial" und drei Tage später erneut zur Mittagszeit. Mittags in Potsdam gab es am 7. Dezember 1770 „Hummer". Als „Hummer naturell" stand er an einem Montag zu Berlin am Abend des 27. Novembers 1741 auf meinem Speisezettel.

„Laberdan" - „Cabilliau"

Kabeljau, oder wie mein Küchenschreiber in den Analen der Hofküchenzettel schrieb, der „Cabilliau" war ein Seefisch der Nord- und Ostsee". Fünf Kilogramm schwer waren derartige Fangfische. Getrocknet verspeisten wir ihn als Stockfisch, gepökelt als „Laberdan", und der junge Kabeljau kam als Dorsch in die Töpfe der Hofküche. Mir wurde am Sonntag zum Mittagsmahl am 26. November 1741 „Cabilliau mit holländischer Souce" gereicht. „Cabilliau a la minut" schrieb mein Küchenschreiber am 26. November 1741 anlässlich der Speisefolge meiner abendlichen Tafelrunde zu Berlin.

„Mattelott" und Karpfen

Mattelot, ein wohlschmeckendes Fischragout, genoss ich am Sonntag, dem 12. November anno 1741, zu Berlin und ebenso an einem Sonntag zu Charlottenburg anno 1743 zur Abendtafel des 1. September. „Mattelott von Carpen mit Gurken und Champignons" verspeiste ich am Dienstag, dem 03. September 1743, mittags in Charlottenburg und zwei Tage zuvor am Abend etwas gehobener als „Mattelott von Carpen mit Gurken, Champignons und Trüffeln". Karpfen konsumierte ich natürlich auch in anderer Fasson, nicht nur als Ragout, in gebackener Form oder in Blau-Sud.

„Water-Zode"

Meine Köche nannten diese Fischspezialität „Wather South", so auch am Montagabend des 29. Aprils 1743, als ich sie mit „Petersillien Wurtzeln" serviert bekam. Gut vier Monate später, am 3. September 1743, ließ ich sie für meinen Kammerherrn und Tischgenossen Fredersdorff bereiten, der sie ebenfalls äußerst gern und reichlich zu sich nahm. Hinter dieser merkwürdigen Bezeichnung verbirgt sich keineswegs eine Wassersuppe oder eine Sud Namens Wather, sondern ein in Berlin beliebtes Gericht, welches meine holländischen Vorfahren am Berliner Hofe einführten. Es stellt eine Art Fischsuppe dar und wird aus frisch gefangenem Fisch bereitet.

Verwendet wurden „Perschen" oder „Pärschken", wie im Berliner Jargon der Barsch bezeichnet wird, oder französisch „perche". Der Barsch wird auch „Bars" genannt. Er lebt in Teichen und Gewässern des Berliner Umlandes. Er gilt als „wohlschmeckend und leicht verdaulich". Sein Fleisch ist weiß und er „vermehrt sich außerordentlich". Doch die kleineren Barsche sind wegen ihrer vielen Gräten nicht immer so beliebt. Zur Bereitung der „Water-Zode" werden die Barsche gründlich ausgenommen und in ein scharf gewürztes Salz-Wasser mit reichlich Zwiebeln „gahr gekocht". Nun kommt alles in eine Schüssel und es sieht so aus, als ob die Fische darin schwimmen möchten. Konsumiert wird „Water-Zode" warm oder kalt, dazu wird gerne „Butter-Brod" gereicht.

„Water-Zode" lässt sich auch verfeinern und aus anderen Fischarten bereiten. So nimm „Aale oder Hechte" und schneide sie in Stücke. Dabei muss der Hecht geschuppt werden. Dann nehme der Koch eine Zwiebel und zerteile sie in Würfel. Alles zusammen wird in Butter angebraten und langsam 1 1/4 Liter Wasserbrühe aus Salz, Pfefferkörnern, Lorbeerblättern und einer Gewürznelke sowie etwas Zitronenschale aufgegossen. Alles wird weich gekocht und anschließend durch ein grobes Sieb gerieben. Der durchgetriebene Sudansatz wird in einer Kasserolle zum Aufkochen gebracht. Dann werden dem Sud „gutgesäuberte Aale, Hechte, Barse, Barben, Karpfen und ähnliche Süßwasserfische" hinein gegeben. Wenn die Fische zu groß sind, dann zerschneide man sie. Die Kasserolle gut abdecken und alles etwa zehn Minuten köcheln lassen und möglichst ganz heiß servieren. Wichtig ist, die verwendeten Fische vorher von Köpfen und Schwänzen zu befreien, aber in der Anfangsbrühe aus Wasser und Gewürzen lange mitköcheln lassen. Denn es gibt dem Ganzen einen kräftigeren Geschmack.

Vom Zander

„Fileé von Zander ala flamande" mundete mir nicht nur wegen des Wohlgeschmacks, sondern auch wegen des Augengenusses, den die Art des Servierens bot. Flambiert bietet Zander mehr als nur ein Fischgericht. In diesen Schau- und Essgenuss kam ich in Berlin bei der Mittagstafel am 23. Dezember 1770 und zum Abendessen reichten mir meine Berliner Köche erneut Zander, diesmal aber mit holländischer Sauce. Ein „Fileé vom Zander a la Hollandaise" konsumierte ich mittags in Potsdam am 4. Dezember 1770 und ebenso am 14. Dezember 1770. Meine Berliner Hofköche servierten mir am 27. Dezember 1770 mittags einen vortrefflichen „Zander". Aber auch in gegrillter Form fand er meinen Gaumen. Als „gegrillter Zander" kam er am Mittwoch, dem 29. November anno 1741, anlässlich der Mittagstafel zu Berlin auf meinen Teller.

„Beygerichte" –

*Gemüse / Salate / fleischlose Gerichte / Fastenspeisen / Diät-
kost / Saucen / Brot*

Gemüse und Salate

Von Artischocken und „Cardons"

Ursprüngliche Heimat dieser Delikatesspflanze ist Nordafrika. Seit
dem 16. Jahrhundert wurden Artischocken in Italien angebaut.
Artischocken wurde zu meiner Zeit eine aphrodisierende Wirkung
zugesprochen und so konnte auch ich mich dem Bann dieser
Gemüsesorte nicht entziehen. Besonders gerne aß ich Artischocken
in Verbindung mit Melonensalat. Die grünen, glatten Artischocken
werden in Frankreich gezüchtet. Eine weitere Sorte ist die „rothe
englische Kugel-Artischocke". Auch ich habe Artischocken in meinen
Gärten kultiviert. Dabei beherzigte ich die Ratschläge von Johann
Heinrich Zedler. Er empfahl mir die italienischen Artischocken. Zur
Aufzucht nahmen wir „entweder vom Saamen oder bewurtzelten
Nebenschößlingen und Absetzlingen", die es galt zu unterhalten
und zu vermehren. Zur Samenauswahl riet mir Zedler: „Der beste
kommt aus Italien". Der „spitzige, dünne" Samen wurde von ihm
nicht für gut befunden. Er muss „groß, schwer und gesprenget
seyn". Zedlers Anweisungen sind auch heute noch ein wertvoller
Kultivierungsrat: „Will man sie säen, so nimmt man von dem besten
Samen, weichet ihn etwan einen halben Tag, mitten im April, im
zunehmenden Mond, in laulicht Wasser ein, lässet ihn hernach
wieder abtrocknen, präpariret sich eine gute wohlgemistete und
etwas feuchte Erde, machet nach der Schnur Grüblein, zwey guter
Fuß breit von einander, pflanzet die Körner da hinein, etwan drey
Körner in einer Grube und drei Zoll tieff, steckt Stöcklein dabey,
daß mans begüssen kann." Zedler gab den Hinweis, „die jungen
Beyschößlinge mit so viel Wurtzel, als man immer haben kann" im

„May im zunehmenden Mond" in „eine gute fette Erde" zu pflanzen. Dies gebe eine gute Ernte. „Wenn aber der Winter herankommt, und die Artischocken verspeiset seyn, schneidet man den noch stehenden Stengel und das Kraut an der Erde ab, und pflantzet sie in Keller".

Artischocken wurden von meinen Köchen auf vielfältige Weise zugerichtet. Die Artischockenböden konnten auch eingemacht werden, „wenn man sie halb gar gekocht, von allen Blättern wohl reiniget, in einen Glasurten Topff leget, mit starkem Saltz-Wasser, welches in der Küche See-Wasser heisset, so hoch, daß es darüber stehe, und dieses hinwieder mit geschmoltzener Butter übergeußt, damit keine Lufft dazu kommen möge. Wenn man sie essen will, müssen sie durch wiederhohltes Aufgiessen frischen Wassers wohl ausgewässert, und noch einmahl an das Feuer gebracht werden. Andere machen sie auch mit Zucker ein".

Mein geheimer „Commerthien-Rat" Johann Henrich Zedler beschrieb die Artischockenpflanze wie folgt: „Die Artischockenpflanze treibt aus ihrer Wurtzel Blätter zu einen und anderthalben Fuß lang, die sind gar breit, tieff eingeschnitten, von Farbe weißlich grün, haben weder Stacheln noch Dornen. Zwischen diesen Blättern erhebt sich ein Stengel, etwa an zwey Schuhe hoch, der ist voller harter Streiffen, wolicht und dick, inwendig voller Marck; gibet einen hauffen Aeste, deren jeder auf seiner Spitze einen schupicht und stachlichen Kopff trägt, welcher die Artischocke ist, darauf eine grosse Blume stehet, die wie ein Busch aussieht. Dieselbige bestehet aus einer grossen Anzahl kleiner purpurfarbiger Blümelein, welche oben herausgebreitet und in schmale Streiffen zertheilet sind. Wenn die Blume vergangen, so kommen an ihrer Stelle längliche Saamen, ein jeder mit einer kleinen Bürste oben auf. Die Wurtzel ist noch ziemlich lang und dick."

Eine besondere Artischocken-Art wurde auch „Carden oder Cardonen" genannt. Es stellt ein besonders gezüchtetes Distelgewächs dar und meine Hofküche bereitete es als Gemüse zu, auch spanische Artischocken oder Distelkohl genannt. Es wächst vornehmlich in Südeuropa. Die fleischigen Blattstiele werden von „Fasern und Haut befreit, in Stücke geschnitten und in mit Citronensaft versetztem

Wasser gegart." Im Gegensatz zu den reinen Artischocken werden bei Karden „nicht die Blütenköpfe, sondern die dickfleischigen Blattsiele verwertet", dabei beträgt die übliche Schnittlänge der Gemüsestücke etwa 6-7 cm. Diese lassen sich auch mit Zitronensaft abreiben und in Mehlwasser mit Zitronensaft verkochen.

Artischocken lassen sich auf vielfältige Art und Weise zurichten. Wohlschmeckend sind „Artischocken mit grünen Erbsen" oder mit einer „Krebs Farce", Krebsbutter und Krebsen. Aber auch „Artischocken gebacken" munden „mit Möhren". Als König konsumierte ich Artischockengemüse gerne, so zur Mittagstafel am 23. November 1780 als Beilage zu einem „Rebhuhnflügel in Glace".

„Cardons in Jus" von gehacktem „Rinder-Marck"

Dies ist ein vortrefflich Gemüse-„Bey-Gericht an Fleisch-Tagen". Nehmet „Cardonen" oder „Artichaud", wie mein französischer Koch die Artischocken nannte. Putzt sie wohl. Schneidet sie in Stücke und wellet sie im Wasser auf mit einer Schrippe. Wenn sie lange genug im kochend Sud standen, so fangt die weich gekochten aufsteigenden „Cardonen" in ein Sieb zum Austropfen und „thut sie hernach in eine Casserole" mit kräftigem Jus von Rindfleisch und gehacktem „Rinder-Marck". Gutes „Rinder-Marck" gehörte beständig zu meinem Küchenvorrat. Nun einen Kräuterbund hinzugeben und alles gelinde zusammen aufkochen. Zu guter letzt noch eine Zitrone hineinpressen oder einen Löffel Traubensaft hinzufügen sowie mit Pfeffer und „Muscaten"-Blumen „würtzen". Beim Anrichten etwas Butter daran „thun" und nun kann es warm konsumiert werden.

Artischocken „a la crème"

An einem Sonntag, dem 19. November 1741, konsumierte ich mittags an meiner königlichen Tafel zu Charlottenburg „Artischoken a la Souce". Der Koch benannte es so, da ihm die Speise etwas zu dünn geraten war. Er hätte alles wohl ein paar Mal mehr aufkochen lassen müssen, aber mir hat es trotzdem gemundet.

Um es gut zu bereiten lässt der wohl unterwiesene Koch in Salzwasser das Artischockengemüse ziemlich weichkochen, bis die Artischocken kräftig auffahren. Nun nimmt er eine Kasserolle, also einen flachen Brattopf, darin werden 150 Gramm bester Butter geschmolzen, dann ¼ Liter Rahm hinzugefügt sowie „zwei Zwiebeln und ein Bündchelchen Petersilie". Er gibt sodann die weichgekochten Artischocken hinzu und nach mehrfachem Aufkochen macht er die Sauce mit zwei Eidottern unter beständigem Rühren schön sämig. Eine „Messerspitze weißes Mehl hinein geworfen" trägt zum Andicken bei, aber so lange umrühren, „bis es anfängt dicke zu werden". Zu guter Letzt schmeckt er sie mit atemberaubendem scharfem Cayennepfeffer ab, den ich vorzugshalber von meiner englischen Verwandtschaft bezog.

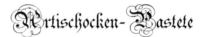

Artischocken-Pastete

Mache einen Teig und nimm dazu ein Pfund Mehl und siebe es in eine große Schüssel. Das Mehl mit einem halben Pfund Butter und etwas abgekochtem, aber erkaltetem Wasser kräftig mit den Händen vermengen. „Jetzo" ein Achtel vom süßen Rahm warm mit einem Ei verrühren und unter den Teig kneten. Nimm nun etwa zwei Drittel vom Teig und gib es gut verteilet an allen Seiten in eine gut gefettete Backform. Lasse in der Mitte der Form eine breite tiefe Mulde, damit die „zuvorderst" fein mürbe gekochten „kurtz" geschnittenen Artischocken reichlich Platz haben. Am Besten verwende den klein geteilten Boden der Artischocken. „Jetzo" die Artischocken mit „Pfeffer, Muscaten-Nüssen, Zimmet, Salz und Zucker" würzen und wenn sie erkaltet sind in die Form schütten. Darauf setzt du einen gut schließenden Deckel, geformt aus der restlichen Teigmasse. Lasse in der Mittel des Deckels ein Loch, damit die Gärdämpfe abziehen können. Nun backe es langsam in einem mäßig heißen Ofen.

Salat aus Artischocken und Melonen

Noch bei Nachgeborenen bekannt unter dem Namen „Sanssoucisalat". Es ist ein wohlschmeckender Salat aus Artischocken und Melonenkügelchen. Daraus lässt sich ein vortreffliches „Beygericht" bereiten, und in Verbindung mit Fasanenbrustwürfeln ergibt es eine wohlschmeckende kalte Vorspeise, die es besonders an heißen Sommertagen zu schätzen gilt.

Es wird gebratene Fasanenbrust in Würfel geschnitten. Gleichzeitig werden die „grünen oder violetten Blätter" der Artischocken in Salzwasser mit Zitronenbeigabe „solange gekocht, bis sich die Blätter am Stielende leicht lösen". Die faustgroße Blütenpflanze der Artischocke besitzt einen fleischigen Blütenboden und die „schuppenartig angeordneten Blütenhüllblätter". Blütenblätter und der butterweiche Boden „gelten als Delikatesse", auch das „flauschige Artischockenherz (Heu) ist eßbar." Aber beim Kochen niemals „Aluminiumgeschirr" verwenden, da es „Aussehen und Geschmack der Artischocken" beeinträchtigt. Die Fasanenbrustwürfel werden zusammen mit den geschnittenen Artischockenböden und Blättern mit einer kalten Tafelsauce aus Öl und Eiern, Mayonnaise genannt, verrührt. Dabei etwas Johannisbeergelee hinzufügen und vorsichtig kleine Melonenstücke untermengen. Der Salat wird mit „kugelförmig ausgestochener Zuckermelone garniert" und auf Artischockenblättern serviert.

Von den Gurken

Gurken gehören zu den beliebtesten Fruchtgemüsen. Sie werden gesalzen, und im „übrigen giebt man Oel, Essig und Pfeffer daran." Ich konsumierte frische Gurken, eingelegte Gurken, in kalter und in warmer Fasson, als Ragout, Salat oder Gemüse. Gurken ließ ich durch meine Hofköche einsauern, damit sie bis zur nächsten Ernte reichten. Eingelegte saure Gurken verwendete meine Hofküche beständig. Sie wurden in Gläsern gelagert. Ich liebte saure Gurken als erfrischendes „Beygericht" besonders an heißen Tagen. So aß ich

„dero" Gurken in Charlottenburg, bei der königlichen Mittagstafellei am Montag, dem 2. September 1743. Tags zuvor, am 1. September 1743, konsumierte meine königliche Tafelrunde 1 ¼ Glas Gurken, wie der Küchenschreiber vermerkte. Sie waren mit 17 Groschen und sechs Dinar relativ teuer im Preis verrechnet worden. Am selben Tag verzehrte meine Tafelgesellschaft 8 Loth Trüffel. Hierfür kamen aber nur 15 Groschen in Anschlag. Für den halben Beutel Provence „Öhl" berechnete mein Küchenschreiber an diesem Tage ebenfalls nur 10 Groschen. In der regelmäßigen Küchenabrechnung waren Gurken beständig nach Preis und Menge ausgewiesen. Sie waren in der gedruckten „Consumtions"-Liste erfasst und zählten damit zu den gut dreißig immerwährenden Küchenverbrauchsartikeln meiner Hofküche.

Bei uns werden Gurken „häufig in Mistbeeten" gezogen und im „Freien können die Gurken erst von Mitte Mai an gebaut werden." Gurken stellen die einzige Gartenfrucht dar, „welche gewöhnlich nur unreif genossen wird". Sie sind dann grünlich weiß. Wenn sie im Zustand der Reife geerntet werden, dann setzet man sie geschält mit trockenen Senfkörnern an und nehmet sie als Senfgurken zum Verspeisen. Der aus grünen Gurken gepresste Saft „ist als heilsam gegen die Lungenschwindsucht empfohlen worden und aus den Gurkenkernen" wurde zu meiner Zeit noch „eine kühlende Milch" gezogen, um Krankheiten zu bekämpfen. Aus gesundheitlichen Gründen nahm manch einer die Schalen der frischen grünen Gurken, um damit seine Haut zu reinigen und zu kühlen, lange nach mir galt dies noch als probates Hausmittel.

„Schon bei den alten Aegyptern sollen die Gurken bekannt gewesen sein, wie man aus Abbildungen auf mehreren pharaonischen Monumenten schließt." Die Griechen und Römer sollen sie später von den Arabern übernommen haben. „Kaiser Tiberius war ein so leidenschaftlicher Gurkenesser, daß er auch im Winter Gurken in Treibhäusern für sich ziehen ließ". Die Gurkenpflanze ist „ein einjähriges Rankengewächs", was „viel Sonne und einen lockeren, gutgedünkten Boden, der viel gegossen werden muß" verlangt. „Riesengurken lassen sich nur in den Treibbeeten ziehen". Sie können „bis 60 Centimeter lang" werden. In Holland wird eine

„kleine frühe Gurke" angebaut, die auch in Preußen Anklang fand, oftmals unter der Bezeichnung Trauben- oder Bouquetgurke. Diese kleinere Gurkenart wird vorzugshalber zum Einkochen genommen. Als „eigenthümliche Art" wurde die türkische Gurke empfunden, auch „Schlangengurke" genannt. Mit ihren „gebogenen und sehr rauhen Früchten" erinnert sie an einen Krummsäbel.

Frischer Gurkensalat

Wer ihn frisch genießen möchte, der mache nicht den Fehler, ihn gesalzen stehen zu lassen. In seiner „Zubereitung als Salat" ist es „der Gesundheit nachtheilig" ihn, wie die meisten es machen, „eine Stunde oder noch länger" gesalzen stehen zu lassen. Wenn er dann gewässert ausgedrückt wird, dann verbleiben zur Konsumtion „nichts mehr als lederartige, ganz von ihrem eigenthümlichen Geschmack beraubte Stückchen, die dann sehr schwer zu verdauen und dadurch, besonders bei häufigem Genuss, der Gesundheit des Menschen sehr nachtheilig werden." Zuerst die Gurken gründlich mit kaltem Wasser reinigen, Flecken und „Stiel werden davon geschnitten", besonders die Enden, weil sie oftmals bitter schmecken. Erst „jetzo" kurz vor dem Servieren die Gurken dünn abgeschält im letzten Augenblick feinblätterig „Scheibchenweiß geschnitten", mit Zwiebeln, „Saltz und Pfeffer" anmachen. „Man isset auch die Gurken im Salat" mit Essig und gutem Öl versehen. Alles gut vermengen, aber immer nur möglichst frisch konsumieren, weil sie sonst zu sehr wässern.
Wer es nicht mit Essig und Öl mag, der nehme zu den geschälten und geschnittenen Gurken fetten „sauren Rahm" oder den süßen. Die Gurken vor dem Verrühren mit dem Rahm salzen. Der Rahm sollte vorher „mit etwas Essig und Zucker zerquirlt" werden, „zuletzt stäubt man feingestoßenen weißen Pfeffer über den Salat".

Eingesäuerte Preußengurken

Eingesäuerte Gurken, bekannt auch als Salzgurken, sind bis

heute im Berliner Umland sehr beliebt. Preußische Gurken kamen vorzugshalber zu meiner Zeit aus Schlesien oder dem Oderbruch, der sich zum Gemüsegarten Berlins mauserte. Damals nannten viele die Gurke noch „Kukumer" oder „Kümmerling", abgeleitet von „cucumis", einer lateinischen Bezeichnung für die lange Gurke.

Ein Teil der sauren preußischen Salzgurken kam aus der „Colonie Neu Lübbenau", die mein Vater am Rande des Spreewaldes hat gründen lassen. Hier werden oftmals mehr die kleineren Gurken genommen, die durch meine holländischen Vorfahren nach Preußen kamen. Diesen wird bisweilen ein mittelmäßiger Haufen „fein würflich geschnittener Meerrettig, weiße Senfkörner" und Zwiebeln zugegeben.

Wer besondere Preußengurken bereiten möchte, der benötigt ein größeres Faß, um die Gurken einzulegen. Für eingesäuerte Preußengurken werden die besten langen Gurken ausgewählt. Sie müssen vollkommen fleckenlos sein. Man wäscht sie sodann „sauber ab und leget sie in ein Faß mit Weinranken, Kirschblättern und Dill, lagenweise ein." Abgekochtes Meerwasser wird siedend heiß darauf geschüttet, welches der wohl wissende Koch sich selber aus Wasser und Salz bereitet. Nach Abkühlen das Meer-Wasser erneut sieden und über den Gurkenansatz schütten. Beim dritten Mal dann sofort das Fass fest versperren und in den Keller setzen. Jeden Tag das Fass umkehren, deshalb muss es ganz dicht und fest verschlossen „seyn".

Scharfe Gurken auf französische Art

„Salade de concombres", so nannte ich den Gurkensalat in seiner französischen Bezeichnung. „Concombre", Gurke auf französisch einzusauern, dafür nehmet nur von den schönsten mittelgroßen Gurken. Sie dürfen keine gelben Stellen zeigen. „Zuvorderst" schäle sie und reibe sie mit Salz ein. Nach einer Nacht Liegezeit trocknet sie sauber mit einem Tuche ab. Dann werden sie in der Länge nach voneinander geschnitten. Dabei die Kerne entfernt. Nun mit etwas Salz und mit französischen Pfeffer würzen, damit sie scharf werden. Aber „die Gurken nicht zu sehr salzen, sonst werden sie zu welk". Außerdem rote Paprikaschoten hinzugeben. Später „bey Tische" machen sich die „rothen" Schoten ganz gut, um die Gurken zu „decoriren." Sobald „in ein Tönnchen mit Lorbeerblätter, Fenchel, Nälken und Muscaten-Blumen" geben. „Jetzo" dreimal einen heißen "recht guten Wein-Essig drüber" schütten. Wenn der Essig „recht scharf ist, muß man den vierdten Theil Wasser dazu nehmen", also den Essig verdünnt benutzen. Der Essig oder die Essig-Verdünnung „auf vorbesagte Weise muß heiß gemachet werden; wovon die Gurken so grün wie ein Graß bleiben."

Vom frischen Salat

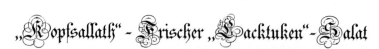

„Kopfsallath" - Frischer „Lacktuken"-Salat

„Laitue pommée" oder „Salade verte" wird er in der französischen Hofsprache genannt, der Kopfsalat, der grüne Salat. Abgeleitet vom lateinischen Wort „Lactuca sativa" sagten meine Zeitgenossen auch „Lacktuken"-Salat dazu. Mein Küchenschreiber vermerkte einfach „Kopfsallath" in meinen Konsumtionsaufzeichnungen. Es gab ihn an meiner Tafel zu Charlottenburg, beim Abendessen am Dienstag, dem 3. September 1743. Nicht nur als Früh-Salat oder im Sommer als der „große Berliner" kam er auf meinen Teller. Insbesondere habe ich ihn auch im Winter in Treibbeeten gezogen, damit ich ihn das ganze Jahr genießen konnte.

Kopfsalat ist eine leicht verdauliche, „höchst angenehme und erfrischende Zuspeise zu Braten, Schinken, Eierspeisen" und „dero" mehr. Im Besonderen an heißen Sommertagen, „da die Hitze die Menschen ausdorret, und fast verschmachten machet", da ist der „Lacktuken-Salat am angenehmsten", weil er „sehr kühlet, und das Geblüt erfrischt". „Es weiß einjeder, daß die dickesten Köpffe die besten" sind. Man wasche ihn gründlich und sodann „bereitet ihn entweder kalt mit Oel, Pfeffer und Eßig, oder warm mit Speck, Butter und Eßig, und einem Ey. Wie man denn auch in Viertel geschnittene Eyer darauf herum leget."

Wer ihn auf französische Manier zurichten möchte, so wie ich sie liebte, der nehme zwei hart gekochte Eidotter und streiche sie durch ein feines Sieb. Dann verrühre „sie mit einem Löffel feinem Oel". Füge langsam einen „Theelöffel" Senf dazu und „zwei Prisen Salz" sowie „eine Messerspitze gestoßenen Pfeffer", außerdem fünf Esslöffel Öl und zwei oder drei Esslöffel guten Weinessig. „Bei allen grünen Salaten ist besonders darauf zu achten, dass man hierzu nur das beste Oel und nicht sparsam" nehmet. Vom Essig aber nur die Hälfte so viel geben. „Jetzo" mische „die gut durcheinandergerührte Sauce unter den Salat und giebt denselben sofort zu Tisch". Manchmal wird noch ein kleiner Löffel „voll gehackter Schnittlauch" darüber geworfen.

Löwenzahn-Salat

Löwenzahn oder Butterblume wird unter Bauern „Hundsblume" genannt, auf französisch „dent de lion" oder „pissenlit". Das klingt wenig schmeichelhaft. So verwundert es nicht, wenn ich Hundsblumensalat „zuvorderst" nicht mochte. Als mir meine Ärzte „Löwenzahn" als Heilmittel wegen anhaltender Appetitlosigkeit empfahlen, war ich nicht begeistert. Der „Extract aus dem ausgepreßtem Saft der Blätter und Wurzeln" galt „als ein vortreffliches Heilmittel bei chronischen Unterleibskrankheiten". Aber nur mit Widerwillen befolgte ich den Rat der Ärzte. Doch siehe da, er zeugte eine beachtenswerte Wirkung. Der mir „angerathene Löwenzahn machte" mir „einen herrlichen Appetit", wie ich selber ausdrücklich „lobte". Noch in meinen letzten Lebenswochen ward dies ein probates Mittel, um meinen Appetit zu wecken, wie Hofchronisten zu berichten wussten.

Löwenzahnblätter wachsen in Brandenburg-Preußen an allen Alleen und Wegesrändern. Löwenzahn ist nicht nur eine bewährte Arznei bei Unterleibsübeln, sondern „die jungen, ersten Blätter" ergeben ein „sehr wohlschmeckendes und gesundes Frühlingsgemüse" und sie lassen sich „als recht guter Salat verwenden". Nimm gut gelesene junge Butterblumenblätter und wasche sie mehrmals. Nachdem „sie völlig abgetropft sind" mische die Löwenzahnblätter

„mit feingehacktem Kerbel und Estragon", dann mache sie an „mit Salz, Pfeffer, Essig und Öl". Benutze dazu nur vom besten Weinessig und serviere alles sofort. Wenn Du magst, so gebe noch geröstete Würfel von magerem Räucherspeck hinzu. Am besten nimm mageren Speck, so wie ich ihn schon getreu meiner gedruckten Küchenkonsumtionsliste des Jahres 1774 regelmäßig verarbeiten ließ.

An meiner Tafel wurden die in einheimischen Gärten und Plantagen gezüchteten Gemüsesorten serviert. Spargel gehörte selbstverständlich dazu. „Frühen Spargel" züchtete ich bereits als Kronprinz in meinen Gärten. Üblich war es schon damals, Spargel „als eine überleye Schüssel zum Bey-Gericht an Fleisch-Tagen" zu servieren. „Sparges a l'Anglais", nach einem Rezept meiner Mutter, die die Schwester des englischen Königs Georg war, konnte trotz der kalten Jahreszeit am Sonntag, dem 26. November 1741, zur königlichen Tafel am Abend aufgetragen werden.

Spargel haltbar machen war ein Brauch, den der englische Hof gewohnt war zu praktizieren. Aber auch in Preußen wusste die Hofküche das Gemüse einzukochen. „Spargen einmachen", damit „dieselbigen ein Jahr lang gut bleiben" wussten die wohl unterwiesenen Köche auch in Preußen: „Man nimmt die schönste[n] ausgewachsene Spargen, schabet oben, ziehet die Haut unten am Stiel herab, so weit sie hart sind, und wäschet sie mit reinem Brunnen-Wasser, bindet sie mit einem reinen Faden zusammen, thut sie in einen irdenen Hafen giesset Wasser darüber, setzet sie zum Feuer, laesset sie nur einen Sod thun, gleich wie man ein weich paar Eyer pflegt zu sieden, hebet sie also vom Feuer, und giesset das warme Wasser davon ab; hergegen frisches darüber, lasset sie also kalt werden, und giesset dieses hernach auch ab.

Ferner thut man sie in einen Hafen, damit dieselbige in der Mitte des Schmaltzes kommen, und unten den Boden nicht berühren, giesset zerlassenes Schmalz, so balds gestehen will, darüber, bis daß der Hafen voll wird, und die Spargen ganz bedecket seyn. Machet den Hafen mit Leder zu, setzet ihn in ein kühles Gewölbe, oder Keller auf ein Holtz oder Bret, und nicht auf die blosse Erde. Nachdem sie nun einen Monat lang gestanden, thut man das Schmalz wieder davon, und machet sie ferner mit frischen Schmalz auf vorige Weise ein: hernach kann man taeglich, oder wöchentlich davon heraus nehmen, und in der Küche, wie bekandt, davon zurichten, und selbige verspeisen." Nach selbigem Muster „mag man sie auch in gesaltzener Butter einmachen."

Natürlich genoss ich ansonsten Spargel vorzugshalber zur Sommerzeit. Demzufolge kam er beispielsweise am Montag, dem 29. April 1743, auf meine königliche Mittagstafel. Damals weilte ich in Potsdam. Der Küchenschreiber vermerkte an diesem Tage lapidar „Sparges mit Butter". Als im Jahre 1752 mein Freund Voltaire in Berlin weilte, durfte natürlich Spargel nicht fehlen. Mit ihm zusammen galt es am 8. Juni 1752 den erntefrischen Spargel zur Mittagsmahlzeit zu verspeisen. Ich konsumierte diese besondere Pflanzenkost mit dem höchsten Vergnügen, nicht nur wegen Voltaire, sondern weil Spargel bis heute einen König unter dem Gemüse darstellt. Er kam als „Spargel à la Sauce" auf die königliche Tafel.

Wer ihn frisch bereiten möchte, der schneide die „Aspargen", so wurde der Spargel damals meistens genannt, in fein gleiche Stücke. Wasche den Spargel und siede ihn, „doch nicht zu weich", denn ansonsten verliert er seinen Geschmack. Nun „gieß das Wasser davon ab" und lass den Spargel „auf einem Brete erkalten, lege" den Spargel „fein gleich in die Schüssel, daß die harten Ende auswerts stehen, und gieb Baum-Oel, Essig und Pfeffer daran."

Teltower Rübchen

Teltower Rübchen gelten als brandenburg-preußische Spezialität.

Die weißlich-gelben Rüben wurden zu meiner Zeit um den Teltower See angebaut, nahe meiner Residenzstadt Potsdam und südwestlich meiner Hauptstadt Berlin, zwischen Nuthe, Dahme und Spree. Teltower Rübchen gelten als die besten aller preußischen Rübchen. Als „weiße Rübe" ist sie als „Feld- und Gartenfrucht" in preußischen Landen ein vielfach „angebautes Wurzelgewächs". Diese weiße „Teltower oder märkische Rübe" priesen Nachgeborene als die „beste Speiserübe für den Herbst- und Winterbedarf". Auf dem Sandboden der Mark gediehen die weißen Rüben zwar längst nicht so groß wie anderenorts, doch dafür waren sie wunderbar zart. Oft als Arme-Leute-Speise gescholten oder nur als Futterpflanze würdig befunden, habe ich diese kleine, zuckerreiche und würzige Gemüsepflanze zu schätzen vermocht. Ich habe als König Teltower Rübchen oft und gerne gegessen. Weiße Rübchen landeten vielfach auf meinem königlichen Speiseplan. Mein französischer Koch bezeichnete Rübchen als „navets". Meine Hofköche dünsteten und schmorten sie in Scheibchen oder Würfel geschnitten. Anlässlich meiner Mittagstafel am Donnerstag, dem 30. November anno 1741, zu Berlin bereiteten mir meine Köche als Extraküchenleistung zwei Metze weißer Rübchen. Fünf Metze weißer Rüben verbrauchten meine Hofköche für meine Tafelrunde am 2. September anno 1743 zur Mittags- und Abendmahlzeit in Charlottenburg und Berlin. Dies entsprach etwa zweieinhalb Achtel eines preußischen Scheffels, oder in Litermaß geschüttet ergeben sich genau genommen 17,175 Liter Rübchen.

Weiße Rübchen verspeiste ich als „Rübchen-Pürree" mit Butter „zuvorderst" gedünstet. Sie lassen sich aber auch vortrefflich als „Rüben-Ragout" bereiten. Dazu werden die jungen Rübchen in kleine Scheiben geschnitten, in Fett angebraten und mit etwas Mehl bepudert. Zu den Rübchen gibt der wohl unterwiesene Hofkoch gehackte Zwiebeln, die leicht in Fett angeröstet sind und Fleischbrühe. Alles zusammen wird dann „sämig" gekocht und mit Salz und etwas Zucker gewürzt. Gleichfalls können weiße Rübchen auch mit Sahnesauce konsumiert werden. Den in Scheibchen geschnittenen und gekochten Rübchen wird etwas Butter hinzugegeben sowie eine kräftige Béchamel-Soße und

Sahne. Alles dünstet dann noch kurz unter Beigabe von Gewürzen. In kräftiger Fleischbrühe gegarte Teltower Rübchen schmecken besonders gut in Verbindung mit dünn geschnittenem scharf angebratenem Rinderfilet. Eine Schüssel davon mit untergerührter saurer Sahne, Pilzen und Schalotten ergibt ein wohlschmeckendes brandenburgisches Gericht. Sehr wichtig ist, die Rübchen grundsätzlich nicht vor der Zubereitung zu lange stehen zu lassen, da sie sonst schwärzlich werden. Wenn die Rübchen zu gelb sind, dann verkoche sie mit ganz heller Mehlschwitze und so werden sie vortrefflich „weißgedünstet".

Die „kleine Rübensorte mit sehr stärkemehlhaltigem" Fleische gedeiht besonders gut auf dem sandigen märkischen Boden. Teltower Rübchen zeichnen sich aus mit einer verdickten, weißfleischig saftigen Wurzel. Es gibt sie als Frühlings- und Spätherbstgemüse. Zu meiner Zeit wurden diese Rübchen von den Bauern nach der Getreideernte auf den umgepflügten Stoppelfeldern auf den kargen Böden des Teltow zur Aussaat gebracht. Erst im August gesät kommen sie ab Oktober zur Ernte. „Fuerhero" oftmals gering geschätzt nur als Viehnahrung, weil die Bauern sie zu dick und rund werden ließen, anstatt sie zuvor als zarte Rübchen zu ernten. Doch dank meiner tatkräftigen Unterstützung entwickelten sich die Teltower Rübchen zu einer wahrhaften Delikatesse an den Fürstenhöfen, die nach mir selbst der Kaiser der Franzosen zu schätzen wusste und in Frankreich kultivierte. Vom kleinen märkischen Ort Teltow aus traten sie ihren Siegeszug an durch ganz Europa.

Neben den Teltower Rübchen habe ich normale Mohrrüben konsumiert, so wie sie damals wie heute wegen ihres hohen Karotingehalts auf der ganzen Welt geschätzt werden. Mohrrüben servierte mir meine Berliner Hofküche beim Mittagsmahl anno Dienstag, dem 29. November 1741.

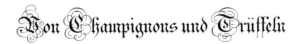

Von Champignons und Trüffeln

Champignons landeten regelmäßig auf meinen Tellern. Wegen

ihrer häufigen Verwendung standen sie auch auf der gedruckten „Consumtions"-Liste der Hofküche. Damit Champignons immer zur Verfügung standen, konservierten meine Köche sie in entsprechenden verschließbaren Gläsern. Beispielsweise verspeiste ich mit meiner Berliner Tafelrunde am Montag, dem 27. November 1741, zwei Gläser Champignons.

„Fricasse von Champignons" tafelte ich am Sonntag, dem 12. November 1741, mittags in Berlin und ein „Ragout von Champignons" zu Breslau mittags, am 5. November anno 1741, ebenfalls an einem Sonntag.

„Trüffeln"

Ein an königlichen Tafeln überaus beliebtes Pilzgewächs sind Trüffel. Ich verschlang sie keineswegs in so verschwenderischem Ausmaß, wie es anderen Orts üblich war. Sie waren vorbehalten zu besonderen Anlässen und galten als „Diamant der Küche" und als „sacrum sacrorum aller Gourmands" meiner Zeit. Als junger „König liebte" ich „die Trüffeln", wie spätere Hofchronisten hervorzuheben pflegten. Aber auch noch im reiferen Alter wusste ich dieses Knollengewächs zu schätzen und hielt mir beständig „einen kleinen Vorrath von Italienischen Trüffeln", die ich beispielsweise aus Wien bezog. Die Hofküche berechnete für „8 Loth Trüffeln" im Jahre 1743 insgesamt 15 Groschen. Ich hatte sie am Sonntag, dem 1. September 1743, mittags in Potsdam und den Rest am Abend in Charlottenburg konsumiert. Einen Tag später schlemmte ich mittags in Charlottenburg und am Abend bei meiner Mutter in Berlin sogar insgesamt ein halbes Pfund Trüffel, wofür 1 Reichstaler und 6 Groschen zur Berechnung kamen. Das war der Preis, für den tags zuvor ein halbes Kalb zu 20 Pfund berechnet wurde. Besonders schmackhafte „frische Trüffeln al' Espagnol" gereichten mir die Köche bei meiner Berliner Mittagstafel am 23. Dezember des Jahres 1770 und ebenso am zweiten Weihnachtstage beim Mittagsmahl zu Berlin. Als ich am 5. November anno 1741 in meiner neu erworbenen Provinz in Schlesien weilte, richteten mir die Hofköche zur Mittagstafel in Breslau ein wohlmundendes

„Ragout von Trüffeln.

Von Erbsen und Spinat

„Grüne Erbsen" konsumierte ich zu verschiedenen Gerichten, so zu geschnittenem Hammelfleisch am Sonntag, dem 1. September 1743, zur Abendtafel in Charlottenburg. Auch zu meiner königlichen Mittagstafel in Berlin wurden Erbsen gereicht. Beispielsweise verzeichneten am Mittwoch, dem 29. November des Jahres 1741, die Köche den Verbrauch von 2 Metz Erbsen.
Erbsen und Spinat waren beliebte „Beygerichte". Ich konsumierte „grüne Erbsen mit Schinken" mittags am 2. Dezember 1770 in Potsdam und am Abend „Spinath". „Erbsen mit Bratheringen" tafelte ich mittags in Berlin am Mittwoch, dem 29. November 1741. „Spinad" kam am Montag, dem 2. September 1743, in Charlottenburg zur Mittagsmahlzeit auf den königlichen Tisch. „Spinat mit Sahne und Brot" konsumierte ich am Mittwoch, dem 8. November 1741, mittags in Breslau.

„échalote" - Schalotten

„Chalotten" unterscheiden sich von allen gewöhnlichen Zwiebeln und wurde in meinen Gärten „cultivirt". Meine Hofköche benutzten sie vielfach als pikante Beigabe zu Braten, Ragouts und Saucen. Schalotten sind kleine delikate Lauchknollen, eine Zwiebelart, die die Kreuzfahrer „dero" einst aus Palästina mitbrachten. Ihren sanft aromatischen Geschmack und ihren angenehmen würzigen Duft schätzte ich sehr. Diese kleine Zwiebel gilt als Königin der Lauchgewächse, als die edelste aller Zwiebeln. Meiner französischen Hofsprache zufolge wurden sie „échalote" genannt. Ich konsumierte diese kleine Zwiebel mit Geflügelfleisch, „dortem" in Charlottenburg am Abend des 1. Septembers 1743. Meine Köche servierten mir Entenfleisch mit einem Haufen „Chalotten".

Von den Kartoffeln

Nicht nur den Kartoffelanbau förderte ich, auch selber habe ich gerne Kartoffeln konsumiert. Beispielsweise am 2. Dezember 1770 genoss ich in Potsdam „grüne Erbsen mit Schinken" und dazu gab es „Battato mit Butter", wie mein Küchenschreiber anmerkte. „Bataten" sind stärkereiche Knollen, eine Art Süßkartoffeln, die an meiner Tafel Eingang fanden. Diese „Süßkartoffel", wie die Batate genannt wird, stammte ursprünglich aus Mexiko. Als Knollenfrüchte wurden sie in den Gärten Italiens angebaut und fanden „nachhero" Zugang in Holland sowie in ausgewählten Hofgütern des kargen Preußenlandes. Meine holländischen Vorfahren bezeichneten die „großen Wurzelknollen" als „Pataten" und die Spanier nennen sie „Batates oder Batada". Als „sweet potatoe" gingen sie in den englischen Sprach- und Küchengebrauch ein. Und meine französischen Köche sagten dazu „patate". Kartoffeln mit Butter, wie ich sie gegessen habe, gelten noch heute als beliebte Kombination. „Battato, Butter" und „gebratene Bücklinge" gab es wenige Tage später, am 11. Dezember 1770. Richtig zubereitete „Pataten mit Butter" werden „über dem Feuer geschwenkt, bis die Butter in die" in Scheiben geschnittenen „Batatos" eindringt und dann werden sie mit Salz überstreut „auf den Tisch gegeben". Achte darauf, dass die gekochten oder gedämpften „Batatos" in nicht zu dünne Scheiben geschnitten und in der Butter „hellbräunlich gebacken" sind. Die auf diese Art gebackenen besonderen Knollenfrüchte lassen sich auch mit Speck zubereiten.

Vom „Sauren Kohl" oder dem Sauerkraut

Auch der König aß „Sauerkohl", allerdings auch mit Filet, so geschehen mittags am 14. Dezember 1770 in Potsdam.
Wenn die in meinen Gewächshäusern gezüchteten Ananasfrüchte nicht süß genug ausfielen, so warf ich sie ins Sauerkraut, wie Nachgeborene in Anekdoten behaupteten. Fürwahr, es ist eine vortreffliche Verfeinerung des Sauerkrauts. Mein Berliner

Ananaskraut mit Erdäpfelbrei und Bratwurst wissen noch heute die Berliner zu schätzen.

Nudeln, Eierspeisen und Klöße

Dampfnudel, Ravioli und Maultaschen

„Dampfnudeln mit Butter und Parmesan" konsumierte ich beim Mittagsmahl zu Potsdam am 19. Dezember 1770.

„Ravioli à la Espagno", also auf spanische Art, konsumierte ich am 8. Juni 1752 in Sanssouci beim Mittagsmahl mit meinem Freund Voltaire.

„Maultaschen", die deutsche Fassung der gefüllten Nudelteigtasche, gab es „dero" einst nicht nur in Schwaben. Meine Berliner Hofköche bereiteten sie mir an einem Mittwoch, es war zur Mittagszeit, am 29.11.1741. "Gebackene Maultaschen" gereichte mir mein Küchenchef als Extrakonsumtion am Freitag, dem 24. November 1741.

„Polenta"

Die italienische „Polenta" zählte zu meinen ganz persönlichen Lieblingsspeisen. Bevorzugt als „Beylage" zum in Branntwein gedämpften Rindfleisch verzehrte ich diese Grießspeise scheibchenweise. „Polenta" ließ sich im Ofen in einer Kastenform backen und in fingerdicke Scheiben schneiden. Der Hofchronist berichtete vom 30. Juni 1786: „Er aß sodann ein gutes Stück Boeuf à la Russienne – Rindfleisch, das mit einem halben Quart Branntwein gedämpft war" und darauf „setzte er eine Menge von einem italienischen Gericht, das zur Hälfte aus türkischem Weizen besteht und zur Hälfte aus Parmesankäse: dazu gießt man den Saft von ausgepreßtem Knoblauch und dieses wird in Butter so lange gebacken, bis eine zarte, eines Fingers dicke Rinde umher entsteht." Dieses Rezept habe Lord Marishal seinem Freund und

Gönner Friedrich gegeben. Diese „von dem Könige emendirte und corrigirte Lieblingsschüssel hieß Polenta".

Rühreier und „gebackene Eyer"

Rühreier stellten ein beliebtes „Beygericht" meiner Tafel dar. So gab es diese für mich als Extra-Küchenleistung am Dienstag, dem 28. November 1741, mittags in Berlin. Rühreier genoss ich dann schon mal als „Canapeé" am 22. Dezember 1770 beim Mittagsmahl zu Berlin. „Dero" „Rühreier mit Brot" standen am Mittwoch, dem 8. November 1741, in Breslau ebenfalls auf meiner königlichen Mittagstafel. Zur Konsumtion wurden „Gebackene Eyer" am Mittwoch, dem 29. November 1741, mittags in Berlin gereicht oder „Eier mit mager Speck" am Sonntag, dem 19. November 1741, in Charlottenburg, ebenfalls zur Mittagsstunde.

"Fondy von Parmesankäse" servierten mir meine Hofköche am 1. September anno 1743 mittags zu Potsdam. Es handelt sich hier um eine besonders pikante Art von Rühreiern mit Parmesankäse. Ein viertel Liter Sahne wird mit zwei gehäuften Esslöffeln Mehl „über dem Feuer dicklich verrührt", dann werden 250 Gramm Parmesankäse und vier Eier hinzu gegeben und mit Salz gewürzt serviert. Dem Käse-Fondue konnte man zur Konsumtion auch ein paar „Scheibchen weißer Trüffel" und „geröstete Weißbrotwürfel" hinzugeben. Die Würzung lässt sich besonders steigern durch Hinzugabe von „Kirschwasser, Knoblauch, Muskat und Pfeffer". Bekanntlich waren ja Kirschen die besonderen Lieblingsfrüchte des Königs und ein königliches Kirschwasser konnte eine derartige Speise zu einem extraordinären Genuss entwickeln.

Die feinere Art der Bereitung dieser Speise trennt das Eigelb vom Eiweiß. Dabei werden Eidotter sowie Eiweiß getrennt geschlagen und erst nachdem der Sahne-Mehl-Käsebrei etwas abgekühlt ist, werden die vier geschlagenen Eidotter und der Eiweißschnee „untergerühret". Alles zusammen füllt der kundige Koch in „eine mit gebuttertem Papier ausgelegte Form". Dabei ist zu beachten, die Form darf nur zur Hälfte gefüllt sein, damit genügend Platz vorhanden ist, um die „sehr hoch aufgehende Speise" in einem heißen Ofen ausbacken zu können. Folglich nicht lange warten, sondern sofort heiß aus dem Ofen servieren.

Ansonsten gereichten mir die Köche „Butter" und „Parmesan" oftmals als Beigabe zu den Speisen. Abends bei der königlichen Tafel zu Berlin, am zweiten Weihnachtsabend anno 1770, durfte es nicht fehlen.

Andere „Beygaben"

Mortadellen oder Mortadella

Ein dreiviertel Pfund dieser großen italienischen Brühwurst landete gelegentlich auf meinem Speisezettel. Diese Delikatesswurst aus Kalbs- und Schweinefleisch ist eine Art Cervelatwurst, aber versetzt mit vielen kräftigen Gewürzen sowie Speck und gewürfelten Zungenstückchen. Meine Hofköche servierten mir Mortadella am Sonntag, dem 12. November anno 1741, in Berlin anlässlich des königlichen Mittagsmahls.

Semmeln

Sie wurden reichlich verbraucht und in mannigfacher Weise immerzu benötigt. Besonders gerne um Klöße in diversen Variationen zu bereiten und Fleisch zu füllen. Semmeln gehörten zu den gut dreißig Küchenartikeln, die auf meiner gedruckten Konsumtionsliste vermerkt waren. Sie wurden dort in zweifacher Form aufgelistet, als kleine sowie als längliche Semmeln und stückweise erfasst. Die Berliner lieben noch heute die länglichen Semmeln. Schrippen werden sie genannt.

Speck

Mit Speck fing man nicht nur Mäuse, sondern Speck verbrauchten in großen Mengen meine Köche zur Speisebereitung. Da konnten schnell mal fünfzig Pfund verbraucht werden. Mit neunundvierzigeinhalb Pfund blieb meine Berliner Hofküche am Montag, dem 27. November 1741, gerade noch unter dieser Marge. Drei Wochen zuvor waren es in Breslau noch glatte 80 Pfund Speck gewesen, den der Küchenschreiber als „Consumtion" auflistete und elf Reichstaler und 16 Groschen dafür berechnete. In meiner ersten gedruckten Consumtions"-Liste war der Speck neben gut dreißig anderen ständigen Verbrauchsprodukten in doppelter Hinsicht aufgeführt, als magerer und als fetter Speck.

Saucen

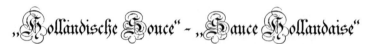

„Holländische Souce" - „Sauce Hollandaise"

„Holländische Souce" gab es häufig, beispielsweise mittags zu meiner Speisefolge am 14. November anno 1741 zu Berlin. Und auch eine Woche später, am Dienstag, dem 21. November 1741, gereichten mir meine Köche „Schellfische mit holländischer Souce". Drei Tage später, es war Freitags zur Mittagstafel zu Berlin, am 24. November anno 1741, bekam ich „Zander mit holländischer Souce und Capern". Die holländische Sauce wurde mir aber nicht nur zum Fisch serviert. Ebenso wohlbekömmlich galt sie zum Filet und zum Gemüse, besonders zum „Asperges", wie der Spargel zu meiner Zeit genannt wurde.

Will „Er" eine feine aber einfache Hollandaise bereiten, so nehme „Er" ein Stück Butter und geriebene Walnüsse. Vermenge es! „Derethalber" noch fünf frische „Eier drann geschlagen" und „mit ein wenig Mehl zusammen gerühret; dann Zucker und Essig" auf das Feuer setzen und langsam unterrühren. „Es muß aber unaufhörlich gerühret werden bis es fertig ist." Nehmet zum Rühren einen „Quirlen" oder am besten mache „Er" es „mit einer Drahtruthe", aber nur „über gelindem Feuer dick und schaumig" schlagen, „ohne daß die Sauce jedoch kochen darf". Der wohl unterwiesene Koch vermag die Hollandaise aber auch mit Fischbrühe zuzurichten und mit nur ein wenig Essig und doppelter Eiermenge, aber immer nur

„das Gelbe" vom Ei verwenden. Ich konsumierte diese Buttersauce auch mit Kapern gewürzt.

„Serdellen Souce" - „Sauce aux anchois"

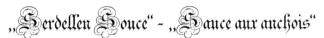

„Sauce aux anchois" sagte mein französischer Hofkoch Noel dazu und auch ich bevorzugte oftmals den französischen Ausdruck. Mein Küchenschreiber allerdings schrieb schlicht und einfach „Serdellen Souce". Oftmals habe ich sie genossen. Am Montag, dem 13. November anno 1741, kam „Souce von Serdellen" auf die Tafel. Es war beim Berliner Mittagsmahl mit meiner Frau Königin Mutter und am darauf folgenden Sonntagabend konsumierte ich diese würzige Sauce in Charlottenburg zusammen mit einer Fischspeise. Es war „Hecht mit Serdellen Souce".

Diese Köstlichkeit schätzte ich, denn Sardellen verleihen der Sauce einen äußerst kräftigen Geschmack, der durchaus meiner Fasson entsprach. Will „Er" sie bereiten, so nehme „Er" acht Stück schöne Sardellen. Wasche „Er" sie solange, bis „Er" alle Schuppen von den Sardellen gut entfernet hat. „Hernach" beseitige „Er" alle Gräten. Schneide die Sardellen in Würfel klein. Nun nehme „Er" 70 Gramm gute Butter und brate „Er" unter beständigem Rühren damit die Sardellen. Lasse „Er" die Sardellen abkühlen und schütte danach alles in einen Mörser. Zerstoße es kräftig. Nun nochmals mit einem halben Liter brauner Rinderbrühe aufkochen lassen und anschließend alles durch ein feines Sieb seihen. „Hernach" fein gehackte „Chalotten darunter gethan" und koche es nochmals auf. „Zuletzt wird sie mit einem Ey abgewellt und etwas Muskaten-Blüthe daran gethan". Mancher Koch nimmt die Sardellenfilets und kocht sie nur mit der Brühe, also ohne Butter. Wenn er mag, so gebe „Er" noch „ein wenig Citronensaft und Zucker" dazu. Doch nur so viel, damit „dero" „beides den Geschmack von den Sardellen nicht übelnimmt, sondern nur ein wenig" für den Feinschmecker zu verspüren ist.

„Souce a l' Orange"

Zu Gebratenem oder Gegrilltem „vom Rost" gab es „Souce a l' Orange", so am Dienstag, dem 21. November 1741, in Berlin bei der königlichen Mittagstafel.

Diese Sauce kann er mit Milch bereiten. Dazu schäle er eine große bittere Orange, auch Pampelmuse genannt, die „zuvorderst" gut gewaschen wurde. Die Schale in kleinen Streifen geschnitten koche er mit einem halben Liter Milch behutsam mehrmals auf. Etwas Salz, Pfeffer und Zucker hinzufügen, dann mit Mehl die Sauce sämig köcheln, durch ein Sieb treiben und am Ende mit zwei Eidottern legieren und vor dem Anrichten den Saft der ausgepressten Orange dazugeben. Anstatt der Milch mag er auch ein Glas Wein nehmen und mit Bratensaft auffüllen.

„Sauce aux capres" - Capern Souce

„Capern" geben einen guten Saucengeschmack. Daher landeten „Capern" auch in meinen Saucen. Oftmals wurden sie zur Verfeinerung einfach der holländischen Sauce zugefügt. Aber der wohl unterwiesene Koch vermag ebenso eine eigene Kapern-Sauce zuzubereiten. Sie gibt es zu Geflügel und Kalbfleisch als weiße Sauce, zu Fisch als gelbe Sauce und zum Rindfleisch als braune Kapern-Sauce.

Zur braunen „Capern"-Sauce nehme „Er" einen halben Liter braunen Rinderbratensaft, zwei geschälte Schalotten, ein Lorbeerblatt sowie zwei Esslöffel voll Essig. Eine halbe Stunde alles behutsam verkochen. Durch ein Sieb treiben und zu guter Letzt „mit drei Eßlöffeln voll feinster Kapern" verrühren.

Die gelbe „Capern"-Sauce bereite „Er" mit etwas kaltem Wasser und Mehl. Verrühre es gut mit einem Eisenbesen. Anschließend mit einem halben Liter Fleischbrühe und dem Saft einer halben Zitrone unter fortwährendem Rühren aufkochen. Nun 125 Gramm gute Butter zerlassen und zwei Esslöffeln Kapern dazugeben. Zuletzt mit drei Eidottern die Sauce legieren.

Eine weiße „Capern"-Sauce kann „Er" wie die vorstehende bereiten. Nur nehme er anstatt der Fleischbrühe eine Hühner- oder Rindfleischbrühe und mischt eine Tasse guten Rahm hinzu. Je nach Belieben verwende er süßen oder sauren Rahm.

„Sauce hachée"

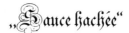

Bei Sauce „hachée" werden alle Zutaten fein klein gehackt, denn „hachée" bedeutet nichts anderes als „Hachis", also Gehacktes. Ich bekam sie in Berlin am 24. November anno 1741 zur Vorspeise serviert mit einer „kleinen Pastete von Kalbs Carbonade mit Souce hasché", wie der Küchenschreiber notierte.

Um sie zu bereiten, nehme „Er" einen „Eßlöffel fein geschnittene Essiggurken, dann ebenso viel feine Capern, ein Eßlöffel feine Champignons und die Hälfte so viel reine Petersilie" und Schalotten. Bedenket aber, die heutigen Esslöffel sind zu klein geraten. Da kann er gut und gerne zwei davon nehmen. Wenn „Er" sämtliche Zutaten fein klein gehackt hat, dann schwitze „Er" dieses „Hachis" in 100 Gramm guter Butter einige Minuten an, sodann etwas braunen Bratensaft, aber nicht mehr wie eine kleine Kaffeetasse voll, dazu schütten sowie ein Glas Wein. Das Ganze „eine halbe Stunde langsam" köcheln. Etwas Salz und eine Messerspitze weißen Pfeffer dazu tun. Nun ist sie bereit zur Konsumtion. Wenn „Er" sie gar wohl bereiten möchte, so gebe er kurz vor dem Servieren noch den Saft einer halben Zitrone hinzu.

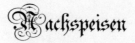

Obstdessert

Ananas

Für diese exotische Frucht interessierte ich mich in höchstem Maße. Ihr wendete ich mich mit Nachdruck in späteren Jahren zu. Die Ananas besaß meine besondere Wertschätzung. Ich züchtete sie in meinen Gewächshäusern. Und wenn sie nicht süß genug ausfielen, dann warf ich sie ins Kraut, wie Nachgeborene über mich in Anekdoten behaupteten. Der preußische Kommerzienrat Johann Heinrich Zedler behauptete über die Ananas: „sie stärcket, erquicket, kühlet, den Stein treibet und Oeffnung macht". Schon als junger Kronprinz konnte ich bei Zedler viel über die Ananas nachlesen. In dem Band, den Zedler meinem Vater widmete und ihn als „Fridericus Wilhelmus Rex Borussia" pries, berichtete er anno 1732 über die Ananas, sie sei „zuerst auf Santa-Crux entdecket, und von dar weiter nach West-Indien gebracht" worden.

Nach Zedler wurde die Ananas „wegen ihres vortrefflichen Geschmacks und angenehmen Geruchs die Königin unter den Früchten genennet." Geradezu unglaublich, wie Zedler mir vorschwärmte, welche überwältigende Anziehungskraft die Ananas auf die Menschen besäße: „Der Geruch ist so starck und angenehm, daß, wo viele Früchte beysammen liegen, die vorübergehenden empfinden müssen, in welchem Hause sie anzutreffen" sind. Zedler bemerkte, „vor einigen Jahren brachte in Breßlau der curieuse Medicus Fr. Kaltschmidt die Frucht zur vollkommenen Reiffe, und übersandte sie alsdenn an den Kayserl. Hof". Schon damals erkannte Zedler sehr wohl: „Grosse Herren aber geniessen sie zur Lecker-Kost auf ihren Taffeln, wenn erstlich die Rinde und Schale davon abgeschelet worden, folglich Scheiben weiß zerschnitten“. Zu diesen Herren, die die Anananas sehr schätzten, durfte ich mich zugehörig fühlen. Mit mir kam die Ananas nach Preußen und meine Gärtner versuchten sie für mich zu züchten. Nach Zedler hätten wir sie mit „Pfeffer , Zimmet und anderen Gewürtzen zubereitet“. Man finde „diese Frucht mit Zucker eingemacht, es soll ein herrlich Essen seyn, welches den Magen und die Natur stärket, und alten Leuten die natürliche Wärme wieder bringet.“ Zedler lobte die Ananas auch als ein hervorragendes Mittel gegen die Gicht, die mich mit zunehmendem Alter ständig plagte. Er riet, die Wurzel der Ananasfrucht zu kochen. Zedler empfahl: „Die Wurtzel gekocht, und davon getrunken, befördert und lindert den schmertzhafften Urin. Wenn man den Safft kocht, findet sich ein Oehl, welches wider die reissende Gicht gerühmet wird.“

prikosen

Zu meiner Zeit galten „Abricosen“ als eine „Art der Pfirschen zu seyn“. Doch in Wirklichkeit war „ihre Frucht viel süsser als die Pfirschen“. Meine Hofküche verarbeitete Aprikosen. 1 Pfund dieser wohlschmeckenden Frucht wurde beispielsweise am 27. November 1741 zu meinem Abendessen verbraucht.

irnen

In Frankreich kulminierte zu meinen Kindheitstagen die Birnenleidenschaft und viele französische Sorten kamen auch in Preußen in Mode, die Birne galt als typisch barocke Frucht. Die im 17. und 18. Jahrhundert „von den Franzosen empfohlenen Birnensorten“ verdrängten massiv die einheimischen deutschen Birnenarten. Die nach Deutschland eingeführten Sorten „wurden als ‚Franzobst‘ bezeichnet“ und der Birnenbaum erhielt die Bezeichnung „Franzbaum“. Vorher hatten in Brandenburg-Preußen

die Hugenotten zu einer „Steigerung der Qualität" der Birnen beigetragen, ebenso wie meine Großmutter Sophie Charlotte. Sie ließ durch den von ihr eingestellten Hofgärtner René Dahuron „französische Tafelbirnensorten" in Charlottenburg züchten. Ich ließ in meinen Gärten 1746 einhundert „Birnenpyramiden" pflanzen, die er aus Holland von „der Gärtnerei Moerbeek in Haarlem" bezog, wie eine entsprechende Rechnung belegt.

Obwohl ich „Steinobst mehr schätzte als Kernobst", so wurde ich „dero" einst als Preußenkönig doch zum Kultivierer der Birne. Meinen Hofgärtnern gelang „eine Optimierung der Kulturformen" der Birne in Form niedrig wachsender Pyramidenbäume, die „bis zum Boden beastete Kegel" auswiesen. Mein Hofgärtner Philipp Friedrich Krutisch gelang es, die Birnenpyramiden „selbst heranzuziehen". Die „Kunst des Pyramidenziehens scheint bald weitere Kreise gezogen zu haben." Die Birnenpyramiden als Zwergobstbaum galten dann in Frankreich „als deutscher Importartikel, der sich seit Ende des 18. Jahrhunderts verbreitete". Mein Freund Voltaire soll „der Erste in Frankreich" gewesen sein, „welcher seinen Birnbäumen in seinem Garten eine pyramiden- oder kegelförmige Gestalt hat geben lassen". Voltaire nannte die Obstpyramiden „Quenouilles".

Letztendlich führte meine friderizianische Kultivierung der Birne zum „Rückgang der von Frankreich ausgehenden Birnenleidenschaft". Es „verschwanden viele französische Birnensorten des Barock" wieder aus Deutschland. Zu meinen Ehren als Preußenkönig entstand sogar eine Birnensorte. Dem belgischen Obstzüchter Jean-Baptiste van Mons aus Löwen ist es zu verdanken, dass ein pyramidenartig gewachsener Birnenbaum „Frédéric de Prusse" der Nachwelt erhalten blieb. Der Arzt und Obstkenner August Friedrich Adrian Diel lobte nur wenige Jahre nach meinem Tode ausdrücklich diesen Birnenbaum: Er „wächst ungemein lebhaft und gut mit seinen stärksten Ästen hoch und schön in die Luft, bildet eine fast pyramidalische Krone, und belaubt sich vortrefflich. Er setzt ungemein viel Fruchtholz an, das sehr bald jährlich und reichlich trägt." Und so konnte nach meinem Ableben als Preußenkönig in Potsdam, Berlin und anderenorts jedermann die „Frédéric de Prusse"-Birne käuflich erwerben.

Wie populär die Birnenfrucht in Preußen war, dies machte Theodor Fontane mit seinem Gedicht „Herrn Ribbeck auf Ribbeck" über den Birnbaum im Havelland deutlich. Der Sage nach soll sich Johann Georg Freiherr von Ribbeck „in der Ahnung des nahenden Todes einige Birnenfrüchte, wie er sie zu Lebzeiten den Kindern gerne schenkte, mit der Absicht in seine Rocktaschen" gesteckt haben, „dass ihre Samen nach seinem Tode darin keimen und als Sämlinge aus der Gruft heraus zu einem neuen Birnbaum heranwachsen würden." Und so wuchs dann tatsächlich direkt aus seinem Grabe ein Birnbaum. Ein „etwa 80 cm langes Stück" dieses alten Baumstammes ist noch heute „in der Kirche zu Ribbeck ausgestellt".

Kirschen

Für Kirschen zeigte ich eine ganz außerordentliche Vorliebe. Sie galten als seltene und kostbare Frucht und der Verzehr von frischen Kirschen wurde als „sinnlicher Genuß" empfunden. Kirschen gehörten zu den ersten Früchten „des Jahres und damit Symbole des ewigen, paradiesischen Frühlings". Der Feldherr und Gourmet Luccullus brachte „den Kirschbaum nach Europa". Aber nicht nur der berühmte Genießer der Tafelfreuden, der „die Edelkirschen 63 v. Chr. nach Rom" brachte, sondern auch ich zählte erklärtermaßen zu den Verehrern dieser sinnlichen Frucht. Kirschen waren ohne jeden Zweifel meine „Lieblingsfrüchte". Als die mir liebste Sorte „wird die Leopoldskirsche genannt". Die für mich bestimmten „Kirschen waren so kostbar, daß sie einzeln abgezählt wurden." Ich bezahlte für frische Kirschen unvorstellbar hohe Beträge. „Für die ersten Kirschen im Dezember und bis Mitte Januar zahlte" ich „das Stück zwei Taler." Meinem Freund und Kämmerer Fredersdorf schrieb ich: „gestern" habe ich für „180 Taler Kirschen gegessen". Einige Male soll ich sogar „für vier Schock" Kirschen, also für 240 Stück, „zu Anfang April 700 Thaler" bezahlt haben. Mit meiner Regierungsübernahme als König wurden ab 1740 die königlichen Gärten „erheblich erweitert" und überall wurden auf meinen ausdrücklichen Geheiß hin Kirschbäume angepflanzt. „Die königlichen Gartenanlagen standen voller Kirschbäume."

Melonen

Diese Frucht bevorzugte ich nach den Kirschen besonders. Der süße Geschmack der Papayas hatte es mir als jungem König angetan. „Carica papya" wurde der aus Südamerika kommende Melonenbaum genannt. Zeitlebens blieb ich der Melone treu. 1777 ließ ich sechzig Exemplare aus Südamerika einführen. Und noch wenige Jahre vor meinem Tode zahlte ich, der ansonsten sparsame Monarch, hohe Beträge für diese Frucht. Ich „scheute offenbar keine Kosten zu ihrer Beschaffung". 1783/84 bezahlte ich für 32 peruanische Melonenbäume 152 Reichstaler. Ich genoss sie bis ins hohe Alter. Der Hofchronist berichtete vom Juni 1786, ich habe „wieder eine Menge von kühlendem" Obst zu mir genommen, „besonders Melonen", die ich gerne in Verbindung mit „allerlei Zuckerwerk" konsumierte. Seit meiner Jugend schätzte ich diese Frucht. Besonders unter der spanischen Sonne wurde der Anbau kultiviert. Bevorzugt geachtet waren die köstlichen Zuckermelonen. Als junger König erlaubte ich mir „den Luxus, Melonen aus Spanien kommen zu lassen." Bis ins hohe Alter aß ich Melonen. Am 16. Juli 1766 schickte ich meinem Freund Heinrich August de la Motte Fouqué Melonen als „meine Aufmerksamkeit", um „die Lebensverlängerung meines alten treuen Freundes" zu fördern.
Die Leitung meiner königlichen Melonerie hatte 1773 Johann Jakob Krutisch übernommen, der „die Familientradtion als Melonenbauer 44 Jahre lang" fortführte und stets für „beste Qualität der gärtnerischen Arbeit" sorgte.

In meinen königlichen Speisezetteln wurden sie „Appelsinen" genannt. Am 24. November 1741 verbrauchten meine Köche 14 Stück der kostbaren Frucht und bearbeiteten sie als Gelee-Dessert. Offensichtlich stammen sie aus eigener Produktion, denn die Hofküche erfasste sie bei der Kostenabrechnung ohne Berechnung. Orangen gehörten zu den gut dreißig ständigen Verbrauchsartikeln meiner Hofküche, die auf der ersten gedruckten „Consumtions"-Liste bereits verzeichnet waren.

Diese Früchte verfügen über einen hohen „Gehalt an Vitamin C. Zitrusfrüchte gehören zu den ältesten Kulturpflanzen der Menschheit. Ihre Domestikation" soll „schon vor mehr als 4000 Jahren in China begonnen" haben. Die Fruchtschalen der bitteren und süßen Orangen wurden zur „Herstellung von Orangeat und zur Aromatisierung von verschiedenen Likören" benutzt. Außerdem gelten Pomeranzen als einer der „wichtigsten Lieferanten von ätherischen Ölen und Essenzen für die Parfümindustrie". Wie ein Lob auf des Königs Orangenbäume vernehmen sich die Worte des Gartenphilosophen C. C. L. Hirschfeld aus dem Jahre 1779: „Sie gehören allerdings zu den edelsten und schönsten Bäumen. Ihr gerader Schaft und ihr herrlicher Wuchs, ihre immergrünen glänzenden Blätter, ihre weiße starkduftende Blüthe, ihre Früchte von der schönsten Farbe, vom Weißlichgelben bis zum Gold, zum Feuerrothen und zur dunkelsten Schattirung, die lange Zeit ihres Verweilens am Baume, da sie zuweilen fünfzehn Monate zu ihrer Reife brauchen, unterdessen neue Blüthen zwischen den goldenen Früchten hervorbrechen, alles dieses vereinigt sich zu ihrem Ruhm." Die kalten Monate überstanden die Orangenbäume dank guter Pflege in den Orangeriehäusern. Nach Auskunft des Hofgärtners ist die „Zeit für das Aufstellen der Orangerie im Freien" in unserer Klimalage erst gekommen, wenn „man keine Nachtfröste mehr zu erwarten hat, in der Regel also nach dem 13ten Mai".

Orangen stellten eine wertvolle Bereicherung meiner königlichen Tafel dar. Ursprünglich waren die mythisch umwobenen Orangenbäume nur in China und Indien beheimatet. Die „Orangenbäume lieben die Wärme" und schon „eine einzige Frostnacht kann ihren Tod bedeuten." Doch ihre goldenen Früchte, ihre wohlriechenden Blüten und ihre immerwährend grünen lederartigen Blätter verhalfen den Orangenbäumen nicht nur im Morgenland, sondern ebenso im Abendland, im kalten Norden Europas, frühzeitig zu hohem Ansehen.

Den Durchbruch nach Brandenburg-Preußen erzielte 1646 die jahrtausende alte Kulturpflanze durch die Heirat des Großen Kurfürsten mit der niederländischen Prinzessin Louise Henriette. Die Oranier führten seit Mitte des 16. Jahrhunderts die Orange in ihrem Wappen, und der südfranzösische Stammsitz des Adelsgeschlechts trug ebenfalls den Namen dieser symbolträchtigen Frucht. Mit der ehelichen Verbindung von Brandenburg-Preußen mit dem Herrscherhaus Oranien wurde die Orange „für Brandenburg zu einem dynastischen Symbol". Fortan wurden Orangenbäume nicht nur aus Holland nach Preußen geliefert, sondern die goldenen Äpfel gehörten zur populären Darstellung der Preußenherrscher. Ein neues, goldenes Zeitalter sollte dem im 30-jährigen Krieg verwüsteten Land neue Hoffnung spenden. Schon bei der Geburt des Thronfolgers ließ sich nun ein „Zweig mit leuchtenden Orangen in den Himmel strecken". Die Hofmaler griffen diese vielsagende Botschaft gleich zur Geburt des neuen Kurprinzen auf. Die Menschen betrachteten die Orangen als „einen Abglanz des Paradieses" und sie erzählten „sich uralte Geschichten über die göttliche Herkunft der Orangenbäume." Sie erinnerten an die griechischen Mythologie, denn schon in der Antike wurde von einem Baum berichtet, der goldene Äpfel trägt und als göttliches Brautgeschenk faszinierte. Der Baum mit den goldenen Früchten soll in einem geheimnisumwobenen Garten am Ende der Welt gewachsen sein. Den Eingang des Gartens versperrte ein Riese mit Namen Atlas. Selbst für die Götter sei der Zutritt zu diesem Garten erschwert gewesen. Nur „wenige besonders alte oder besonders kluge Fabelwesen kannten den Weg dorthin". Gehegt und gepflegt wurde dieser wundersame Baum der goldenen Früchte von den Hesperiden, den „Töchtern der Nacht und des Abendsterns". Die goldenen Früchte versprachen „ewige Jugend, Schönheit und Unsterblichkeit". Bewacht wurden die Früchte von „einer nimmer müden Schlange". Nur einem „klugen und tapferen Helden", der geradezu übermenschliche Kräfte entwickelt, sollte es gelingen, in den Besitz der goldenen Früchte zu gelangen. Herakles oder Herkules, halb Mensch, halb Gott, er konnte es getreu der römisch-griechischen Sage vollbringen. Populär unter den nachgeborenen Herrschern der Hohenzollern war nicht die Darstellung des Herkules, der mit Keulenkraft die Schlange tötete und den Riesen überlistet, sondern eine andere Interpretation der Sage.Wonach „die drei Hesperiden" Aegle, Arethusa und Hesperie dem auserwählten Helden nach reiflich bestandenen Prüfungen „ihre goldenen Früchte freiwillig schenken" und ihr Held „weder den Riesen" überlisten musste, „noch die Schlange mit seiner Keule" tötete. Im Vermählungsalbum preußischer Könige pflücken die Töchter der Nacht und des Abendsterns die goldenen Früchte selber

vom Baum, trösteten die Schlange und überreichen die Früchte der Unsterblichkeit Herakles, einem „Helden, der in göttlichem Auftrag zum Wohle der Menschen tätig war und dafür am Ende in den Götterhimmel aufgenommen wurde."

Nach der Hochzeit meines Urgroßvaters mit der Oranierprinzessin wird nicht nur das Schloss renoviert, sondern um 1650 „an der Nordseite des Schlosses" der „Lustgarten im holländischen Stil neu" angelegt. Der Lustgarten ist der älteste Gartenplatz Berlins. 1652 wurde das erste Pomeranzenhaus errichtet. Abgeschlossen wird der Lustgarten „durch eine halbrund gebogene Orangerie". Es ist ein prächtiger Bau, geschaffen vom Baumeister Johann

Arnold Nehring mit „nach Süden hin geöffneter Fassade", der die Orangen im Winter vor Kälte zu schützen vermochte. Orangerie und Pomeranzenhaus boten den „gegen Kälte empfindlichen Pflanzen" den notwendigen Schutz, damit sie im darauf folgenden Sommer mit neuen Goldfrüchten glänzten. In der Berliner Orangerie konnten mehr „als tausend Pflanzen überwintern". König Friedrich I. schätzte den in Berlin nachweisbaren großen Pflanzenbestand und schuf zusätzlich in Charlottenburg, zu Ehren seiner Frau Sophie Charlotte, eine neue, noch größere Orangerie. In Charlottenburg standen dann bis zu 1200 Orangenbäume „in der weithin berühmten Orangerie". Sein Sohn, der Soldatenkönig, vernachlässigte den Berliner Lustgarten und die Orangerie. Er machte aus der Gartenanlage einen „staubigen Paradeplatz" und aus der Orangerie eine „Manufactur".

Erst ich brachte als König Friedrich II. die Orangenkultur Preußens wieder zu neuer Blüte. 1742 veranlasste ich als neuer König „den Gärtner Krutisch, vier Kahnladungen mit Zitrusbäumen aus Charlottenburg nach Potsdam zu holen." Und aus Charlottenburg wurde auch 1745/46 erneut „eine größere Menge Bäume nach Potsdam" geliefert. In meinem friderizianischen Bestand befanden sich diverse Sorten, „darunter Blutorangen" und Pampelmusen, genannt „süße Appel Sine" und „Pumpelmuß". Nach den schlesischen Kriegen wuchs „der Bestand vor allem an Pommeranzenbäumen" geradezu „sprunghaft an". Unter meiner Herrschaft erreichte „die Cituskultur eine bisher nicht da gewesene Höhe". Um 1748 wurde der Schlesier Hillner mein „erster ausschließlicher Orangeriegärtner". Er war es, der die wertvollen Bäume mit großer Sorgfalt hegte und pflegte. Beständig kaufte ich „aus allen Weltgegenden" Orangenbäume zusammen, wie Hofgärtner August Kopisch berichtete. Als König orderte ich Orangenbäume aus Portugal, Italien und Hamburg. Wobei meine königlichen Schlösser und Gärten nicht nur die wertvollen Bäume bestellten, sondern ich war ebenso bemüht, diese teilweise wieder zu verschenken: „So erhielt z.B. der General von Anhalt 20, der Obrist von Rittwitz eben so viel, der Kammerherr von Berg 24, der Minister von Finkenstein 37 Bäume auf einmal."

Als König ließ ich nach 1744 mehrere neue Orangenhäuser bauen. Georg Wenzeslaus von Knobelsdorff erhielt 1747 von mir den Auftrag, ein großes neues Orangenhaus zu errichten, heute genannt die Neuen Kammern. Es war mit einer repräsentativen Vorderfront ausgestattet. Die vier Orangeriesäle verfügten über kunstvolle „Stuckdekorationen in Form von Blumen, Früchten und Muscheln". 1771 wurden die Neuen Kammern zu „Gästewohnungen umgebaut". Westlich der Neuen Kammern entstand 1768 auf höherem Gelände das „Große Orangenhaus" und 1769 „unterhalb der Maulbeerallee das Kleine Orangenhaus".

Wobei meine königlichen Orangerien nicht nur zur „Überwinterung der Orangen" genutzt wurden sondern „im Sommer zur Aufführung von französischen Komödien, Opern und Konzerten" dienten. Die Nutzung dieser kostbaren Räume als Festsaal „für höfische Zwecke" bot sich geradezu an. Und auch heute noch wird die Orangerie meines Schlosses Charlottenburg beständig für Konzerte und Aufführungen genutzt.

Während der warmen Monate standen die Orangenbäume in Sanssouci „paarweise an der vorderen Kante der Terrassen", in Wechselbeziehung zu Nadelbäumen und den in Spalier stehenden „Pfirsich- und Aprikosenbäumen". Die Zitrusfrüchte wurden „exklusiv in kostbaren Gefäßen" präsentiert, in vergoldeten Töpfen. Mein Gärtner Salzmann berichtete: „In der Rundung ums Palais stehen 12 vergüldete Töpfe von Bley zu Orangerie-Bäumen". Dahinter in den Fensternischen befanden sich die Weinstöcke. Während meiner langen Regierungsjahre waren die Orangenbäume „der Stolz von Sannssouci", wie noch heute Nachgeborene preisen. So drückten für mich „die Orangenbäume mit ihren Früchten auf den Terrassen von Sanssouci" mehr aus als nur „den bürgerlichen Traum vom Süden", sondern ich betrachtete sie als ein „Zeichen der Unsterblichkeit, der Liebe, des ewigen Frühlings und eines von klugen und tapferen Herrschern erlangten goldenen Zeitalters". Ich empfand es geradezu als ein Versprechen „des Paradieses auf Erden". Über einhundert Jahre später, nach dem Aufstellen meiner ersten Orangenbäume in Sanssouci, waren noch besonders alte Exemplare meiner königlichen Orangenbäume auf der obersten

Terrasse vorhanden. Ehrfurchtsvoll wurden sie „Der alte Fritz"
und der „Alte Dessauer" genannt.

„Beeke" - Pfirsiche

Pfirsiche gehören zu den „vorzüglichsten Obstsorten". Schon
die Römer zu Zeiten des alten Plinius verkauften Pfirsiche „um
einen sehr hohen Preis". Der „Pfirsichbaum hat unstreitig Persien
zur Heimat" und wanderte über Griechenland nach Italien. Ich
kultivierte ihn in preußischen Landen. Diese „weinartig und
gewürzhaft schmeckenden" Früchte des Pfirsichbaumes reiften
wohl behütet in meinen königlichen Treibhäusern. Sie zählten
zum Lieblingsobst des Königs, wie Nachgeborene feststellten.
Meine Köche verarbeiteten Pfirsiche gern zu „Compot", Gelée,
Marmelade und zu Kaltschale oder „Pfirsich-Tarteletten". Die reifen,
aber noch harten Pfirsiche kochten sie halbiert für den Winter in
Zucker ein. Besonders schöne „nicht überreife Früchte" wurden
mit kochendem Wasser übergossen, dann die Haut abgeschält
und in der Mitte mit einem spitzen Hölzchen die Kerne vorsichtig
entfernt. Übergossen mit „Syrup" und nach mehrmaligem Kochen
werden die Pfirsiche in Gläser abgefüllt, manchmal auch in
Verbindung mit Branntwein, neuerdings auch mit „Rum", einer
„Art Branntwein, der aus dem Saft des Zuckerrohrs oder aus dem
Abgange bei der Zuckerbereitung verfertigt wird."
Aus den Pfirsichkernen, „Blättern und Blüthen" machte
mein Zuckerbäcker feinsten „Persico"-Liquer oder aus dem
reichlichen Saft der Früchte einen Pfirsich-Liquer. „Liqueur mit
Pfirsichkernen" entstand aus 40 gestoßenen Pfirsichkernen, die
in zweieinhalb Liter Spiritus gelegt wurden. „Vorhero" wurden
vier Gramm „Cochenille" hinzugegeben, um eine „herrlich rothe
Farbe" zu erzeugen. Vierzehn Tage „kaltgestellt, dann durch ein
Sieb getrieben" und mit Zuckersaft „filtrirt" in Flaschen gezogen.

„Blancmanger" galt als beliebte Nachspeise am preußischen Königshof. Dieses Dessert wurde aus Mandelmilch gewonnen und mit Früchten serviert. In Verbindung mit Kirschfleisch und Kirschsaft liebte ich es besonders an heißen Sommertagen. Saure und süße Kirschen eignen sich zur „Blancmanger"-Bereitung. Doch legte ich Wert darauf, „Blancmanger" nicht nur als kalte Nachspeise zur heißen Sommerzeit genießen zu dürfen, sondern ich mochte es das ganze Jahr hindurch. So servierte mir an meiner königlichen Tafel zu Berlin die Hofküche „Blancmanger" an einem Sonnabend. Es war am 25. November anno 1741.

Der Grundbestandteil von „Blancmanger" war die Mandelmilch. Die geschälten Mandeln werden fein gestoßen, dann mit Wasser und Milch gekocht, oft noch „durch ein Tuch gepreßt". So entsteht die Mandelmilch. Zum „Blancmanger" wurde gelegentlich ebenso „gestoßener Reis" hinzugefügt, der zu meiner Zeit „in allen Geuertz-Laeden" zu bekommen war. Ein wohl unterwiesener Koch vermochte „Blancmanger" aus der Mehrzahl süßer und einer kleinen Menge bitterer Mandeln zuzubereiten. Die „fuerhero" abgeschälten Mandeln werden durch Reiben auf einem Steine sowie verfeinert mit ein paar Löffeln gestoßener „Orangenblüthen" in die heiße Milch geben. Hinzugefügt werden Vanillezucker, Zucker, eine Briese „Zimmt" und „Thierleim", genannt Gelatine. Zum Andicken verwendeten meine Köche oftmals die gestoßene und zerpflückte „colle de poisson oder ichthyocolle", wie die „Hausenblase" auf französisch genannt wurde. Die Hausenblase wird aber „vorher gestoßen, klein gepflücket und in Brunnenwasser eingeweicht". Diese getrockneten Fischblasen bezog ich vorzugshalber aus Russland. Die Besten davon kamen vom Wolgadelta aus Astrachan. Nach dem Kaltrühren wird Sahne untergezogen sowie Likör und Früchte hinzugegeben. „Vorhero" aber nach dem Erkalten „nimmt die Haut davon ab". Dies ergibt ein besonders schmackhaftes kaltes Fruchtdessert. Mit „fein gesiebetem Zucker" und geriebenen „Citronen-Schaalen etwas bestreuet" servieren.

Gebackenes

Eierpfannkuchen - „Plinze" genannt

Die Hofküche in Potsdam bereitete mir am 21. Dezember 1770 Eierpfannkuchen - damals wie heute in Preußen als „Plinze" bekannt - zum Dessert.

Eierkuchen wurde gern als krönender Abschluss zur Nachspeise gereicht, oft auch in Verbindung mit Kaffee. Vorzügliche „Eyerkuchen mit Coffee" konsumierte ich am 11. Dezember 1770 zur Abendtafel in Potsdam.

„Gollatschen"

Ein „Gollatschen" ist ein quadratisches Gebäck aus Hefeteig oder auch ein „runder Kuchen" mit eingemachten Früchten. Das Kleingebäck lässt sich nicht nur aus Hefeteig sondern ebenso fein aus Mehlspeise bereiten. „Gollatschen", auch „Kolatschen" genannt, wurden nicht nur am Hofe Österreichs oder in Böhmen geschätzt. Auch ich ließ sie zu meiner königlichen Tafel von meinen Köchen zubereiten. Besonders gerne verspeiste ich sie mit „Corinthen", beispielsweise als „Butter Gollatschen mit Corinthen", wie die kernlosen getrockneten Weintrauben bezeichnet wurden. Am 1. September 1743 abends zu Charlottenburg durfte ich sie genießen.

Der wohl unterwiesene Koch gebe 320 Gramm fein gesiebtes Mehl in eine große irdene Schüssel und in der Mitte mache er eine Grube. In diese gebe er vier Eigelb und 280 Gramm zerlassener Butter mit einer Prise Salz, 140 Gramm Zucker sowie eine abgeriebene Zitronenschale. Wer es mit Hefeteig bereiten möchte, der muss nun extra in etwas warmer Milch oder Sahne ganze 2 Löffel guter Bierhefe auflösen und zur Teigmasse hinzufügen. Die Hefe kann aber ebenso weglassen werden. Alles zusammen wird gehörig zu einem guten Teig geknetet. Nun werden vier große Kugeln geformt und eine Viertelstunde an einen warmen Ort mit einem Tuche abgedeckt abgestellt, damit er ein wenig durchziehet und gehörig aufgehet. Danach den Teig in etwa 2 cm dicke Scheiben schneiden und daraus kleine Kugeln formen. Mit einem bemehlten Kochlöffelstiel oben eine nicht zu kurze Vertiefung eindrücken und darin ein erwärmtes Fruchtgelee geben, beispielsweise aus Korinthen. Besonders schmackhaft wird es mit eingekochten und angewärmten Kirschen. Sie waren des Königs Lieblingsfrucht. Wer mag, der kann auch noch Rum oder Kirschlikör unter die Fruchtmasse rühren oder auch einen Fürchte-Quark mit darin aufgequollenem Mohn verwenden. Derer Variationen gibt es viele. Nach dem Einfüllen des erwärmten Fruchtansatzes können feinblätterig geschnittene Mandeln darüber gestreut werden. Die Kugeln außen herum mit Eigelb bestreichen und groben Zucker darüber streuen. Nun alles in den auf etwa 200 Grad vorgewärmten Backofen auf ein bemehltes Backblech stellen und etwa 10 bis 12 Minuten lichtbraun ausbacken. Die Mulden mit warmem Gelee nach dem Backen erneut auffüllen. Die „Gollatschen" werden warm zu Tisch serviert. Wenn sie schon erkaltet sind, so werden sie mit Butter oder Schmalz bestrichen nochmals erwärmet, notfalls in einer Pfanne.

Florentiner von Mandeln, Milch und Appelsinen

Florentiner gab es als Dessert zu meiner königlichen Mittagstafel am Sonntag, dem 12. November anno 1741, zu Berlin und nur ein paar Tage später, am Freitag, dem 24. November, gereichten mir meine Berliner Köche „Florentin von Mandeln und Milch". Es mundet als ein „scheibenförmiges Gebäck" aus Mandeln, „die Rückseite ist mit Schokolade überzogen". Anstatt Mandeln werden gelegentlich auch Haselnüsse verwertet. Auf einen Teil grob gehackter Mandeln kommt eine halbe Menge „grobgehacktes Orangeat und Zitronat". Die kandierten Orange- und Zitronenschalen werden mit Honig und Zucker verrührt. Die Zuckermenge entspricht etwa der Menge benutzter Mandeln. Hinzu gegeben wird noch etwas Zimt sowie jeweils soviel Butter und Mehl, wie die verwendete Masse an Orangeat und Zitronat. Ein achtel Liter heiße Sahne darunter rühren, dann flache Fladen formen und schließlich auf einem gut eingefetteten Backblech „goldgelb backen". Nach dem Backen auf der Unterseite die „Kuvertüre" auftragen.

Dieser Art genoss ich am Sonntag, dem 1. September 1743, bei der Mittagstafel in Potsdam „Florentin von Mandeln, Milch und Appelsinen".

 „Des Gauffres"

„Gauffres" nennt sich auf französisch eine Waffelspezialität, die ebenso in Holland und „nachhero" auch in Preußen als beliebt und beheimatet gilt. Der rechteckige in Waffeleisen gebackene dünne Kuchen wird zumeist „mit Rum, Zitronenschale und Vanillezucker aromatisiert" und mit Holzkohlefeuer am eisernen Herd knusprig ausgebacken. Mein Zuckerbäcker achte darauf, die Waffeleisen vorher mit Speckschwarte oder mit einem stark eingebutterten Läppchen auszustreichen. Den dickflüssigen Waffelteig gaben meine Hofbäcker löffelweise in die heiße Form. Langsam und behutsam gilt es, das Eisen zu schließen und das Waffeleisen erst auf der einen Seite über das Feuer zu geben, dann von der anderen Seite einige Minuten zu backen. Sobald sie hellbraun aussehen, müssen die Waffeln mit einem Messer vorsichtig vom Eisen gelöst und mit Zucker und Zimt bestreut werden. Nun die Waffeln in einen lauwarmen Backofen legen. Sobald genügend angesammelt sind, werden sie noch warm zur Tafelei geben. Bedenke, die Waffeln sollten nie abgekühlt oder übereinander gestapelt auf den Tisch kommen. Das war mir immer ganz wichtig. Denn sonst litt ihre natürliche Sprödigkeit. Sie büßten ihren Wohlgeschmack ein und wurden unappetitlich. Die knusprigen Waffeln bevorzugte ich als König auf ganz besondere Weise. So änderte ich noch wenige Tage vor meinem Tode, am 5. August 1786, mittags den Speiseplan meiner Hofküche ab und verlangte „Des Gauffres". Mein Koch hatte eigentlich Portugiesischen Kuchen vorbereitet.

„Petits"

... sind kleine Backwerke, welche „ursprünglich für den Nachtisch bestimmt" waren. Sie werden aber auch zum Nachmittagstee oder Kaffee serviert. Oftmals sind sie mit Buttercreme gefüllt und „mit kandierten Früchten, Pistazien, Mandeln" verziert. Ähnlich der „Petits fours", ein „kleines Tee- und Kaffeegebäck", werden sie „hauptsächlich aus Biskuit, Cremes und Glasuren" mit diversem Geschmack und Farbe erstellt. Ich ließ sie mir gerne mit Schokolade bereiten.

Käse

Käse fand nicht nur Verwendung zur Verfeinerung der Speisen in Form von Parmesankäse, sondern ebenso als herzhafte Nachspeise. Käse aß ich besonders gerne zum Abschluss des Tages „bey" der Abendtafel. Käse und Butter reichten mir die Köche regelmäßig, so am 5. Dezember 1770 in Potsdam, und auch heute „nehmlich" zum Abschluss meiner gesammelten Koch- und Küchengeheimnisse.

Küchenzettel

Es folgen 2 Beispiele für Küchenzettel in Original-Handschrift:

1. September 1743
Geheimes Staatsarchiv (GStA)
GStA PK, I. HA, Rep. 36 GR Hof- und Güterverwaltung Nr. 1293

6. Dezember 1743
Geheimes Staatsarchiv (GStA)
GStA PK, I. HA, Rep. 36 GR Hof- und Güterverwaltung Nr. 1296

Sonntags den 1t September 1743 in Potzdam.

[...] Mittags

[...]
Suppe mit [...]
Hespe [...] à l'Anglaise
Pastete von [...] Carbonade mit Assia [...]
[...] à la Tartarre mit Sausse rémulade
[...]
[...] mit Sardellen Saussе
Gebraten [...] mit Soja
Gebratene [...]
Gebratene [...]
Florentins von [...] Milch und Appelsinen
Craim au Pistatien
Canape von Sardellen mit Öl
Fondü von Parmesan [...]
[...] mit Mayonnaise

Extra
[...]
[...]
Gebratene [...]

Vor Herrn Friedersdorf
Mittags

Suppe von [...]
Hespe von [...]
[...] auf Franckfurth
Gebratene Tauben
[...]
[...] Salad mit Öl

Vor Herrn Andersohn
Mittags

Suppe von [...]
Hespe von [...]
Gebratene Tauben

Vor dem Lacqueyen Pagen und Laquaien
Mittags

[...] mit [...]
Ragout von [...]

1. September 1743 in Potsdam 1/3

Abends

in Charlottenburg

Matelot ... Champignons ... Trüfeln

...

Extra

...

Consumtion
den 1ten Septbr

1. September 1743 in Potsdam 2/3

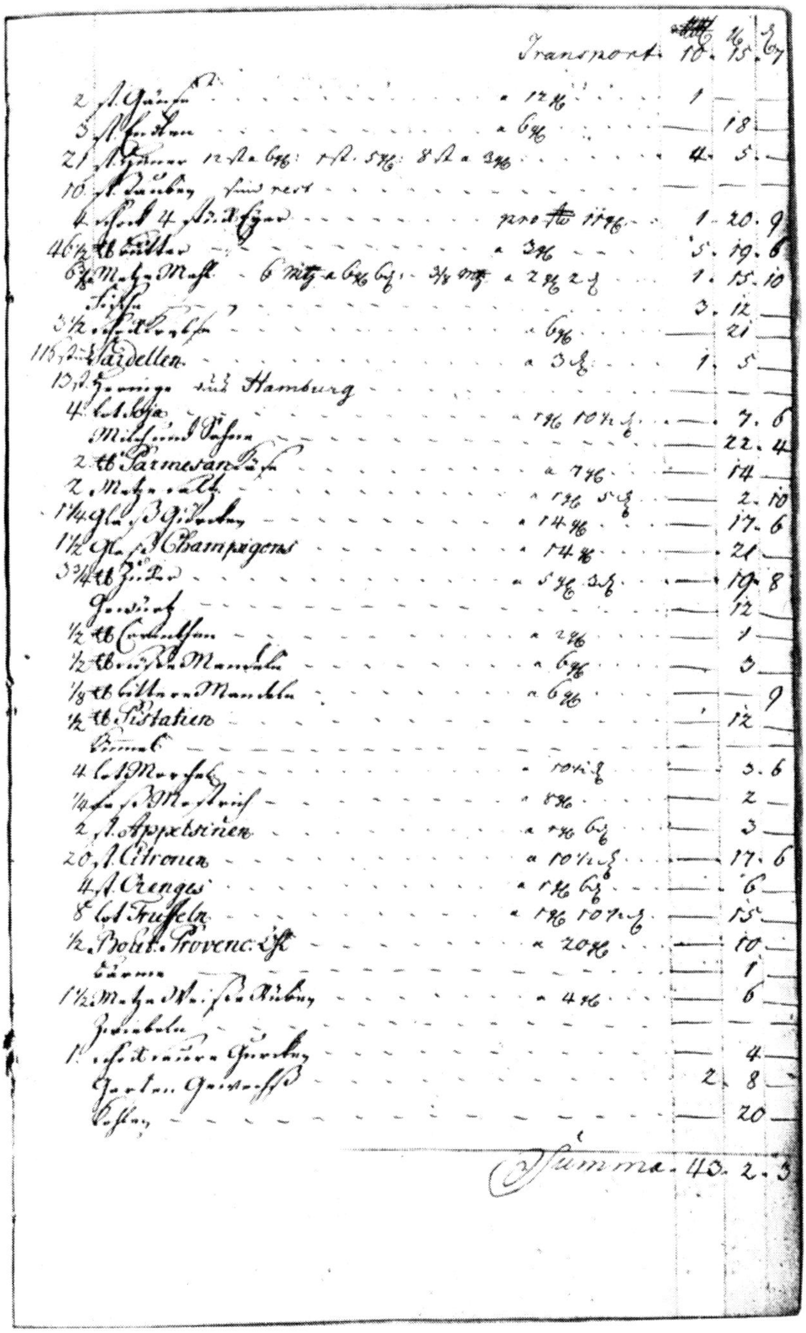

		Rthl	gr	pf
Transport		10	15	
2 St. [illegible]	à 12 gr	1	—	
3 St. [illegible]	à 6 gr	—	18	
21 St. [illegible] 12 St. à 6 gr: 1 St. 5 gr: 8 St. à 3 gr		4	5	
10 St. [illegible]		—	—	
4 [illegible] 4 [illegible]	pro Pfd 11 gr	1	20	9
46½ Pfd [illegible]	à 3 gr	5	19	6
6⅜ [illegible] 6 [illegible] à 6 gr 6 pf: 3/8 [illegible]	à 2 gr 2 pf	1	15	10
[illegible]		3	12	
3½ [illegible]	à 6 gr	—	21	
115 [illegible] Sardellen	à 3 pf	1	5	
13 St. [illegible] Hamburg				
4 Lot [illegible]	à 1 gr 10½ pf		7	6
[illegible]			22	4
2 Pfd Parmesan [illegible]	à 7 gr		14	
2 [illegible]	à 1 gr 5 pf		2	10
1¼ [illegible]	à 14 gr		17	6
1½ [illegible] Champignons	à 14 gr		21	
3¾ Pfd [illegible]	à 5 gr 2 pf		19	8
[illegible]			12	
½ Pfd [illegible]	à 2 gr		1	
½ Pfd [illegible] Mandeln	à 6 gr		3	
⅛ Pfd [illegible] Mandeln	à 6 gr			9
½ Pfd Pistatien			12	
[illegible]				
4 Lot [illegible]	à 10½ pf		3	6
¼ [illegible]	à 8 gr		2	
2 St. Appelsinen	à 1 gr 6 pf		3	
20 St. Citronen	à 10½ pf		17	6
4 St. Orangen	à 1 gr 6 pf		6	
8 Lot Truffeln	à 1 gr 10½ pf		15	
½ Bout. Provenc. Öl	à 20 gr		10	
[illegible]			1	
1½ [illegible]	à 4 gr		6	
[illegible]			—	
1 [illegible]			4	
[illegible]		2	8	
[illegible]			20	
Summa		43	2	3

1. September 1743 in Potsdam 3/3

Freitag 6. Dezember 1743 in Berlin 1/3

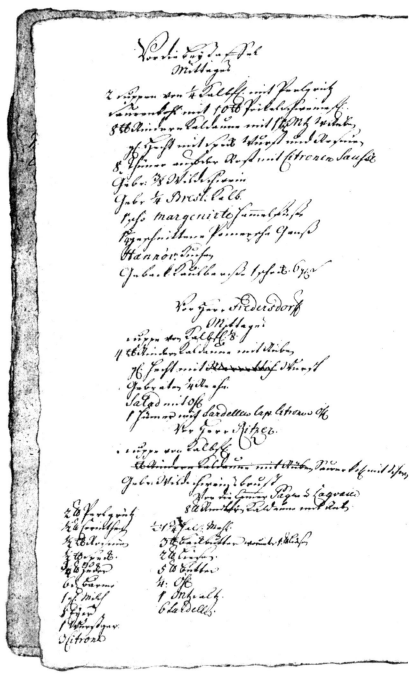

Freitag 6. Dezember 1743 in Berlin 2/3

Freitag 6. Dezember 1743 in Berlin 3/3

Agramonte, Franzisco: "Friedrich der Grosse", Berlin, 1928

Allgemeine deutsche Real-Encyklopädie für die gebildeten Stände in zwölf Bänden, Leipzig, 1835

Ancona, Alessandro d': "Friedrich der Grosse und die Italiener", deutsche Übersetzung von Albert Schnell, Rostock, 1902

Backhaus, Helmuth M.: "Das Abendland im Kochtopf: Kulturgeschichte des Essens", München, 1978

Backschat, Friedrich: "Die Ökonomie am Hofe Friedrich Wilhelm I. und Friedrichs des Großen", Berlin

Büsching, D. Anton Friederich: "Character Friederichs des zweyten, Königs von Preussen", Halle, 1788

Das allerneuest Parischer Koch-Buch, Straßburg, 1752

Das Brandenburgische Koch-Buch, Berlin, 1723

Geheimes Staatsarchiv (GStA), Küchenzettel vom 1. September 1743, GStA PK, I. HA, Rep. 36 GR Hof- und Güterverwaltung Nr. 1293

Geheimes Staatsarchiv (GStA), Küchenzettel vom 6. Dezember 1743, GStA PK, I. HA, Rep. 36 GR Hof- und Güterverwaltung Nr. 1296

Geheimes Staatsarchiv Preußischer Kulturbesitz, König Friedrich II. – Küchenzettel, I. Hauptabteilung Geheimer Rat, Rep. 36, Hof- und Güterverwaltung, Nr. 1280

GstA, HA I, Rep. 36, Nr. 1288

GstA, HA I, Rep. 36, Nr. 1293

GstA, HA I, Rep. 36, Nr. 1316

GstA, HA I, Rep. 36, Nr. 1578

GstA, HA I, Rep. 36, Nr. 1619

König, Anton Balthasar: "Versuch einer historischen Schilderung der Hauptveränderungen, der Religion, Sitten Gewohnheiten, Künste, Wissenschaften etc. der Residenzstadt Berlin seit den ältesten Zeiten, bis zum Jahre 1786", Berlin 1798

Leuschner, Hans: "Friedrich der Große. Zeit-Person-Wirkung", Gütersloh, 1986

Moser, Friedrich Karl v.: "Teutsches Hofrecht", Frankfurt a.M.-Leipzig, 1755

Rödenbeck, Karl Heinrich Siegfried: "Tagebuch oder Geschichtskalender aus Friedrich's des Großen Regentenleben, 1740-1786", 1840

Rottenhöfer, Johann: "Neue vollständige theoretisch-praktische Anweisung in der feinern Kochkunst", München, um 1882

Stiftung Preußischer Schlösser und Gärten, Az. III A (1), in einem Schreiben von Angelika Scholz vom 2.5.2006 an Olaf Kappelt

Universal-Lexikon der Kochkunst, Leizpig, um 1890

Vehse, Eduard: "Geschichte des preußischen Hofs und Adels und der preußischen Diplomatie", Hamburg, 1851

Zedler, Johann Heinrich: "Grosses vollständiges Lexikon aller Wissenschaften und Künste", Halle und Leipzig, anno 1732

Zedlitz, Leopold Freiherr von: "Neuestes Conversations-Handbuch für Berlin und Potsdam", Berlin, 1834

Illustrationen von Alois Kuhn: S. 10, 11,13, 19, 29, 34, 46, 51, 54, 55, 58, 63, 66, 70, 71, 74, 81, 91, 94, 100, 104, 109, 110, 116, 122, 127, 132, 135, 149, 157, 173, 175, 176, 181, 183, 186, 191, 201

Illustrationen von Christine Faust: S. 33, 39, 43, 83, 112, 139, 142, 178, 179

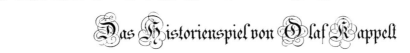

Das Historienspiel von Olaf Kappelt

Während seiner Würzburger Studienzeit begann Olaf Kappelt seine Tätigkeit als Historiendarsteller und Protegé des Rothenburger Rittermahls. Im Herbst 2000 zog es ihn zurück in die Heimat seiner Berliner Vorfahren. Hier entwickelte er eine der bekanntesten Berliner Stadttouren mit Kult-Status. Als Preußen-Experte und Friedrich-Darsteller erwarb er sich einen weit über die deutsche Hauptstadt hinaus reichenden Ruf. Spielerisch schlüpft er in die Rolle des legendären Preußenkönigs und verzaubert eindrucksvoll und lebendig sein Publikum.

Im Urteil von TOP-Guide Berlin gilt das von ihm produzierte hochwertige Kulturprodukt als die „ungewöhnlichste Sightseeing-Tour der Welt!" Gewürdigt von Bundeskanzler Gerhard Schröder und dem Bundestagspräsidenten finden seine Auftritte als „Friedrich der Große" nationale und internationale Beachtung.

Spaziergang und Tafelrunde mit Friedrich dem Großen

"Alter-Fritz"-Erlebnis-Tour durch Berlin wahlweise mit Reichstag und Exkursion nach Potsdam-Sanssouci mit anschließender Tafelrunde

- ☙ ganzjährig buchbar
- ☙ bei jedem Wetter
- ☙ öffentliche und exklusive Termine
- ☙ in deutsch und englisch

Frühzeitige Reservierung erforderlich unter:
www.koenig-friedrich.de
Telefon: 030-450 238 74 / mobil: 0175-950 74 36
Telefax: (030) 45 02 41 67

Treffpunkt:
Brandenburger Tor zu Berlin / Pariser Platz (vor Touristen-Info)

Nahezu täglich wird er in Berlins Mitte auf dem Prachtboulevard "Unter den Linden" und in Potsdam-Sanssouci gesichtet: Der leibhaftige König! Nein, leibhaftig natürlich nicht. Der Mann, der dem Alten Fritz so täuschend ähnelt, ist Dr. phil. Olaf Kappelt. Spielerisch verzaubert der Buchautor als Preußen-Experte und Friedrich-Darsteller seine Zuhörer. Unverwechselbar nah, eindrucksvoll inszeniert und sauber recherchiert. Jede Veranstaltung mit ihm wird zu einem unvergleichbaren Erlebnis. Unterhaltsam und informativ gestaltet er seine Stadtführungen durch Berlins historische Mitte und die Exkursion nach Potsdam-Sanssouci. Seine Erzählungen im Fokus und auf den sichtbaren und versteckten Spuren des legendären Preußenkönigs sind eine einzigartige Zeitreise durch 300 Jahre Berlin-Brandenburgische Geschichte.

14 Uhr*: "Alter-Fritz"-Erlebnis-Tour:
Original-Berliner Stadtführung mit dem Schriftsteller Dr. Olaf Kappelt, verkleidet als Friedrich II. Ein Spaziergang durch die historische Mitte Berlins, vom Stadttor zum Geburtsort des Königs einschl. Inspektion der Schlossbaustelle.

Reichstag-Bundestag-Spezial:
Der Demokratie voraus ging die Aufklärung und so begleitet der Zeithistoriker und Königsdarsteller Dr. Olaf Kappelt im Anschluss an die Stadtführung zusätzlich seine Gäste schnell und ohne lästiges Schlangestehen in den Reichstag. Durch einen Seiteneingang wird das Parlamentsgebäude betreten und der Aufstieg zur Kuppel beginnt, verbunden mit einem exklusiven Sektempfang und einen einzigartigen Ausblick hoch über den Dächern Berlins. Dauer: ca. 1 Std.

17 Uhr*: Exkursion nach Potsdam-Sanssouci:
Oft fuhr der König einstmals in Begleitung bedeutsamer Gäste von Berlin nach Potsdam. Am Brandenburger Tor zu Berlin wartet

er auch heute noch auf Besucher, um sie in sein privates Reich nach Sanssouci zu begleiten. Die Exkursion ist in Verbindung mit einer Tafelrunde am historischen Ort buchbar. Die Rückkehr nach Berlin erfolgt gegen 22.30 Uhr.

Tafelrunde am historischen Ort in Sanssouci:
Allabendlich bittet der König höchstpersönlich zur unterhaltsamen Tafelrunde nach Sanssouci. Hier geht es um den Geschmack des Königs, im wahrsten Sinne des Wortes. Ein völlig neues Friedrich-Erlebnis: der Preußenkönig kulinarisch betrachtet. Am historischen Ort im Park von Sanssouci lebt die weltberühmte Tafelrunde Friedrichs des Großen mit Friedrich-Darsteller Dr. Olaf Kappelt neu auf. Geboten werden ein kleines Schauspiel mit acht exquisiten Menübestandteilen, aufgetragen in vier Gängen. Gekocht wird nach den Original-Küchenzetteln Friedrichs II., die der Königsdarsteller in einem Archiv entdeckte und daraus ein Kochbuch entwickelte.

———

*Änderungen vorbehalten

Bücher

Im Buchhandel oder beim Autor erhältlich:

Olaf Kappelt **"Spaziergang mit Friedrich dem Großen"** · 16,80 € · ISBN 978-3-939929-10-9

Olaf Kappelt **"Friedrich der Große: Meine Koch- und Küchengeheimnisse"** · 36,80 € · ISBN 978-3-939929-13-0

Olaf Kappelt **"Als Neuenburg und Valangin noch bei Preussen waren, vor 300 Jahren"** · 39,80 € · ISBN 978-3-939929-08-6

Olaf Kappelt (Hrsg.) im Auftrag von QUO VADIS **"Von Troja nach Berlin"** · 29,80 € · ISBN 978-3-939929-04-8

Pressestimmen

„Die Rolle ist Kappelt auf den Leib geschrieben. Wer für eineinhalb Stunden zu seinen Gästen zählt, kann sich der ganzen Aufmerksamkeit des Berliners sicher sein."
Neue Züricher Zeitung, 02.10.2008

„Für die einen ist es eine Stadtführung, für die anderen vielleicht die ungewöhnlichste Sightseeingtour der Welt!"
Top-Guide

"Stadtführungen können zum Steinerweichen langweilig sein ... Es geht aber auch anders."
Nürnberger Nachrichten / Sonntagsblitz

"Der Mann ... geht ohne Probleme als Alter Fritz durch ... seine Idee, Stadtführungen im Gewand und aus der Sicht des berühmten Preußenkönigs anzubieten ... hat Erfolg."
Deutsche Presse Agentur (dpa)

"Huldvoll empfängt er seine Kunden ... Fast möchte man einen Knicks machen."
B.Z., Berlins größte Zeitung

"Berlin hat eine Attraktion mehr - der "Preußen Fritze" als Fremdenführer."
Radio Deutsche Welle - Hauptstadtmagazin